Backen

Entwurf und Realisation: The Bridgewater Book Company Ltd.
Fotos: St. John Asprey
Fachberatung: Jacqueline Bellefontaine

Parragon
Queen Street House
4 Queen Street
Bath BA1 1HE, UK

Übersetzung: Isabel Bogdan, Coesfeld u.a.
Redaktion: Berliner Buchwerkstatt, Barbara Kunerle
Satz und Projektmanagement: Berliner Buchwerkstatt, Britta Dieterle
Koordination: trans texas Publishing Services GmbH, Köln

ISBN 1-40544-213-1

Printed in Indonesia

HINWEISE
Sind Zutaten in Löffelmengen angegeben, ist immer ein gestrichener Löffel gemeint. Ein Teelöffel entspricht 5 ml, ein Esslöffel 15 ml.

Sofern im Rezept die Schale von Zitrusfrüchten benötigt wird, verwenden Sie unbedingt unbehandelte Früchte. Wenn nichts anderes angegeben ist, wird Vollmilch (3,5 % Fett) verwendet.

Pfeffer sollte stets frisch gemahlener Pfeffer sein.

Die angegebenen Zeiten können von den tatsächlichen leicht abweichen, da je nach verwendeter Zubereitungsmethode und vorhandenem Herdtyp Schwankungen auftreten.

Bei Eiern und einzelnen Gemüsesorten, z. B. Kartoffeln, verwenden Sie mittelgroße Exemplare. Kinder, ältere Menschen, Schwangere, Kranke und Rekonvaleszenten sollten auf Gerichte mit rohen oder nur leicht gegarten Eiern verzichten.

Inhalt

Einführung

Dieses große farbig illustrierte Backbuch vermittelt alle Grundlagen, die für das Gelingen einiger der beliebtesten traditionellen Gebäcke und Desserts notwendig sind. Darüber hinaus erfahren Sie Tipps und Tricks, wie Sie mit gleichermaßen außergewöhnlichen wie leicht erhältlichen Zutaten experimentieren können. Grundrezepte und Techniken von überlieferten und beliebten Backwaren werden in Schritt-für-Schritt-Fotos genau gezeigt und beschrieben.

Brot und Pikantes

Brotbacken macht Freude, und außerdem können Sie mit den verschiedenartigsten Zutaten wie sonnengetrockneten Tomaten, Knoblauch, Mangos und Olivenöl für Ihre Brötchen, Gebäcke und Brote experimentieren. Dieses Kapitel enthält darüber hinaus auch Tipps, wie Sie traditionelle Tartes, pikantes Gebäck und herzhafte Kekse zu Currykeksen, Spargel-Ziegenkäse-Kuchen, Thymianhörnchen, Sellerie-Zwiebel-Pasteten und anderem Schmackhaften aufpeppen können.

Vegetarische Backspezialitäten

Die vegetarischen Gerichte enthalten vollwertige Zutaten, die jeden Bissen zu einem ebenso großen Genuss wie die Gerichte in „Brot und Pikantes" machen. Dazu gehören Linsen-Paprika-Kuchen, Dattel-Honig-Brot, Birnennester und Paranusskuchen mit Champignons.

Kuchen und Kleingebäck

Lassen Sie sich durch die Abwandlungen von überlieferten Kuchen- und Keks-Rezepten dazu inspirieren, regelrechte „Verführungen" zum Nachmittagskaffee zu kreieren. Dazu zählen delikate Backwerke wie Marmorkuchen, nussig-fruchtiger Olivenölkuchen, Ingwerbrot und Apfelküsse ebenso wie leckeres Gebäck wie Kekse mit Schokoladenstücken und Ingwerplätzchen. All das und mehr ist schnell und einfach herzustellen und schmeckt der ganzen Familie.

Kuchenbacken

Die grundlegenden Anleitungen gelten für alle Rezepte gleichermaßen und insbesondere für das Kuchenbacken.

- Lesen Sie das Rezept zunächst ganz.
- Wiegen Sie alle Zutaten ab, und zerkleinern, reiben oder hacken Sie die entsprechenden Zutaten.
- Die Zutaten, außer Milch, Milchprodukten und Eiern, sollten bei Raumtemperatur gelagert werden.
- Backmischungen, wie Butter und Zucker, sollten so lange schaumig aufgeschlagen werden, bis die Masse weiß und cremig ist. Nehmen Sie hierfür ein Handrührgerät, eine Küchenmaschine oder einen Schneebesen.
- „Unterrühren" bedeutet, mit einem Metalllöffel oder -spatel behutsam – am besten in Form einer Acht – die Zutaten unter den Teig oder die trockene Masse zu ziehen.
- Den Kuchen erst aus dem Backofen nehmen, wenn er völlig durchgebacken ist. Prüfen Sie dies mit Andrücken der Oberfläche – er sollte leicht nachgeben. Oder Sie kontrollieren dies mit der Stäbchenprobe, wobei Sie einen Holz- oder Metallspieß bis zum Boden durchstechen. Bleibt das Stäbchen beim Herausziehen sauber, ist der Kuchen fertig.
- Den fertigen Kuchen etwa 10 Minuten in der Form behalten und dann auf einem Kuchengitter auskühlen lassen.

Tortelettes und Tartes

Beim Backen von Tortelettes und Tartes beachten Sie Folgendes:

1. Die trockenen Zutaten in eine Schüssel sieben, das Fett in kleinen Stücken hinzugeben und miteinander vermengen.

2. Das Fett nach und nach zwischen den Fingerspitzen zerreiben, bis ein krümeliger Teig entsteht.

3. Den Teig mit etwas kaltem Wasser oder einer anderen Flüssigkeit rasch zu einem glatten Teig verkneten und eingewickelt 30 Minuten im Kühlschrank ruhen lassen.

Mit Schokolade backen

Schokolade wird aus Kakaobohnen gewonnen. Der ursprünglich in Mittel- und Südamerika beheimatete Kakaobaum wächst auch in Afrika, den Westindischen Inseln und dem Fernen Osten und hat große Blätter sowie kleine, rötliche, aus älterem Holz entspringende Blüten. Die etwa 25 cm langen Früchte enthalten unter einer lederartigen Fruchtschale in süßliches Fruchtfleisch eingebettet 25–50 Kakaobohnen.

Die Kakaobohnen enthalten 50–55 Prozent Kakaobutter und andere Stoffe. Die Bohnen werden fermentiert, getrocknet, gereinigt, geröstet und zu Kakaomasse vermahlen. Die auf diese Art gewonnene Kakaomasse wird in Knetmaschinen in Kakaobutter und -pulver getrennt. Die Verarbeitungsqualität hängt von der Feinheit der Vermahlung ab. Diese Masse ist das Ausgangsprodukt für die Schokoladenherstellung.

Schokolade lagern

Bewahren Sie Schokolade an einem kühlen, trockenen Platz ohne direkte Sonneneinstrahlung auf. Schokolade kann in der Regel 1 Jahr gelagert werden. Im Kühlschrank aufbewahrte Schokolade sollte gut eingewickelt sein, damit sie nicht die Aromen der anderen Lebensmittel annimmt. Schokoladengarnierungen können luftdicht verschlossen und mit Backpapier in Lagen getrennt gelagert werden. Garnierungen aus Zartbitterschokolade können 4 Wochen und solche aus Vollmilchsowie weißer Schokolade 2 Wochen aufbewahrt werden.

Schokolade schmelzen

Schokolade sollte nicht durch direkte Hitzezufuhr, außer zusammen mit anderen Zutaten und auch dann nur bei sanfter Hitze, geschmolzen werden. Die Schokolade in gleich große Stücke brechen und in eine feuerfeste Schüssel geben. Platzieren Sie diese über einem Topf mit kochendem Wasser, wobei der Boden des Gefäßes das Wasser nicht berührt. Beginnt die Schokolade zu schmelzen, rühren Sie diese behutsam um. Gegebenenfalls die Schüssel noch etwas über dem Wasserdampf lassen. Wasser oder Dampf sollten nicht in die geschmolzene Schokolade gelangen, da diese sofort klumpt.

Um Schokolade im Mikrowellenofen zu schmelzen, wird diese in kleine Stücke gebrochen und in ein für die Mikrowelle geeignetes Gefäß gegeben. Stellen Sie die Zeit gemäß der Schokoladenmenge ein. Orientieren Sie sich hierfür an den Angaben des Herstellers. Die geschmolzene Schokolade umrühren, einige Minuten stehen lassen und wieder umrühren. Gegebenenfalls nochmals für 30 Sekunden in die Mikrowelle geben.

Schokolade erkalten

Schokolade setzt sich am besten bei 18 °C. In einer wärmeren Umgebung setzt sie sich langsamer. Bevorzugen Sie daher einen kühleren Raum. In einem

Kühlschrank kann die Schokolade einen unansehnlichen weißen Überzug bekommen.

Schokolade

Vollmilchschokolade enthält, wie der Name sagt, Milch und ist zart cremig, mild und süß im Geschmack. Sie wird vornehmlich genussvoll verzehrt und weniger beim Backen oder Kochen eingesetzt. Dennoch hat sie unumstritten ihren Platz in der Küche, insbesondere für Garnierungen, und wenn ein mildes, cremigeres Aroma bevorzugt wird. Vollmilchschokolade ist empfindlicher gegenüber Hitze als Zartbitterschokolade und muss daher behutsam geschmolzen werden.

Weiße Schokolade enthält weniger Kakao und Kakaopulver. Sie ist beim Kochen oder Backen nicht ganz einfach zu handhaben. Verwenden Sie daher immer hochwertige weiße Schokolade, um Probleme bei der Zubereitung und beim Schmelzen zu vermeiden. Weiße Schokolade ist immer ein guter farblicher Kontrast, insbesondere beim Garnieren von Kuchen.

Kuvertüre besteht aus feinster Schokolade und wird daher von Profis bevorzugt. Dank ihres hohen Kakaobutteranteils schmilzt sie sehr leicht und lässt sich gut verstreichen. Sie hat nach dem Schmelzen und Auftragen einen starken Glanz.

Kuvertüre wird zum Überziehen von Kuchen und Pralinen oder für Teige, Füllungen und Massen verwendet. Abhängig vom Sahneanteil gibt es dunkle und helle Kuvertüren. Sie sollten nur im Wasserbad (siehe Seite 6: „Schokolade schmelzen“) geschmolzen und nicht über 32 °C erhitzt werden, da sie sonst ihren Glanz verliert. Kuvertüre ist jedoch nicht überall erhältlich.

Kuchenglasur, die portionsweise abgepackt in jedem Supermarkt angeboten wird, kann jedoch vom Geschmack her nicht mit der Kuvertüre konkurrieren. Ihr höherer Anteil an Kakaobutter lässt sie aber leichter als handelsübliche Schokolade für die Garnierung verwenden. Fügen Sie, wenn Sie den Geschmack nicht zu stark verändern möchten, qualitätsvoller Schokolade einige Stücke Kuchenglasur hinzu, dann lässt diese sich leichter verarbeiten.

Schokoladenstreusel müssen mindestens 35 Prozent Kakao enthalten. Mit diesen können Sie Gebäck verzieren oder Kuchen bestreuen.

Kakaopulver ist das Pulver, das zurückbleibt, wenn die Kakaobutter aus den gerösteten und gemahlenen Bohnen herausgepresst wurde. Das Pulver ist bitter und keineswegs süß im Geschmack (dies ist nicht das beliebte Kakaogetränk, dem Süße zugesetzt wird). Es eignet sich hervorragend zum Aromatisieren von Teigen und Cremes.

Beliebtes Gebäck und Desserts

Kleine Süßigkeiten und delikate Desserts von ausgesuchter Raffinesse, wie Pavlova, Schwarzwälder Kirsch-Trifle, Königinnen-Dessert und Crème-Brûlée-Törtchen, finden Sie in „Heiße & kalte Desserts" zum Ausprobieren. Ihre Lieblings-Süßspeise ist bestimmt auch dabei. Perfektionieren Sie mithilfe dieses Kapitels auch Ihre Backkünste, damit Ihnen die zeitlosen Klassiker wie Zitronenkuchen, Aprikosen-Preiselbeer-Kuchen und Schokoladen-Käse-Kuchen immer problemlos von der Hand gehen.

Wer kann schon einem delikaten Schokoladenkuchen widerstehen, und kein Backbuch wäre ohne eine Auswahl an einfachen Kuchen und Torten vollständig – von denen sich etliche Rezepte in diesem Kapitel befinden.

Sie können entweder mehrere Stunden in der Zubereitung einer extravaganten Torte schwelgen oder rasch einen Kuchen für den Nachmittagskaffee zubereiten. Haben Sie Lust auf Experimente? Dann variieren Sie doch die Füllungen und die Garnierung nach Ihren Wünschen. Natürlich können Sie auch den Schritt-für-Schritt-Anleitungen folgen und sich von den brillanten Farbbildern zu einem perfekten Ergebnis leiten lassen. Die Torten in diesem Buch sind als Dessert sowohl Gaumenfreude als auch Augenschmaus. Die „Schokoladenmäulchen" werden es Ihnen danken! Sie finden aber auch einfache Kuchen, wenn Sie rasch nach einem Stück greifen möchten, denn die meisten sind in erstaunlich kurzer Zeit und leicht fertig zu stellen. Also: Verspüren Sie den Wunsch nach einem Stück Kuchen, greifen Sie gleich nach diesem Buch.

Kuchen & Torten

Schokoladen-Birnen-Biskuit

Die Kombination von Schokolade und frischen Birnen verleiht dem Kuchen das himmlische Aroma.

Ergibt 8–12 Stück

175 g weiche Butter
175 g brauner Zucker
3 Eier, verquirlt
150 g Mehl
1 1/2 TL Backpulver
15 g Kakaopulver
2 EL Milch
2 Birnen, geschält, entkernt und in Scheiben geschnitten

Tipp

Die Torte mit einer Sauce aus geschmolzener Schokolade servieren.

2

4

1 Eine Springform (24 cm Ø) einfetten und mit Backpapier auslegen.

2 Butter und Zucker in einer Schüssel schaumig aufschlagen.

3 Nach und nach die Eier zugeben und jeweils gründlich verquirlen.

4 Mehl, Backpulver und Kakaopulver in die Mischung sieben und vorsichtig unterheben, bis alle Zutaten gut verbunden sind.

5 Die Milch einrühren, den so entstandenen Teig in die vorbereitete Form geben und mit einem Löffel glatt streichen.

6 Die Birnenscheiben fächerförmig auf den Teig legen.

6

7 Den so vorbereiteten Kuchen in einem vorgeheizten Backofen bei 180 °C etwa 1 Stunde backen, bis er gerade fest geworden ist.

8 Den fertigen Kuchen in der Form kurz abkühlen lassen, dann auf ein Kuchengitter legen und vor dem Servieren vollständig auskühlen lassen.

Kuchen mit kandierten Früchten

Dieser Kuchen ist besonders farbenfroh. Sie können jede Mischung von kandierten Früchten für dieses Rezept verwenden.

Ergibt 6–8 Stück

175 g weiche Butter
175 g feiner Zucker
3 Eier, verquirlt
175 g Mehl
1 3/4 TL Backpulver
25 g Reismehl
fein abgeriebene Schale von 1 Zitrone
4 EL Zitronensaft
125 g gemischte kandierte Früchte, gewürfelt

Puderzucker, zum Bestäuben

2

3

4

1 Eine Springform (18 cm Ø) einfetten und mit Backpapier auslegen.

2 Butter und Zucker in einer Schüssel schaumig rühren.

3 Nach und nach die Eier zugeben. Dann Mehl, Backpulver und Reismehl unterrühren.

4 Erst die Zitronenschale, dann den Saft einrühren. Zuletzt kandierte Früchte zugeben.

5 Den Teig in die vorbereitete Form geben und mit einem Löffel glatt streichen.

6 Den Teig in einem vorgeheizten Backofen bei 180 °C 60–70 Minuten backen, bis er gut aufgegangen ist und ein in die Mitte gestochener Metallspieß sauber bleibt.

7 Den fertigen Kuchen 5 Minuten in der Form abkühlen lassen, dann auf ein Kuchengitter legen und vollständig auskühlen lassen.

8 Den Kuchen vor dem Servieren mit Puderzucker bestreuen.

Tipp

Kandierte Früchte vor dem Verarbeiten waschen und trockentupfen, damit sie beim Backen nicht auf den Boden sinken.

Marmorkuchen

Dies ist eine Variante des klassischen Marmorkuchens. Durch den Orangensaft sowie die Orangenschale erhält er eine ganz andere Geschmacksnote.

5

6

7

Ergibt 8–12 Stück

175 g weiche Butter
175 g feiner Zucker
3 Eier, verquirlt
150 g Mehl, gesiebt
1 1/2 TL Backpulver
25 g Kakaopulver, gesiebt
5–6 EL Orangensaft
abgeriebene Schale von 1 Orange

1 Eine Ringform (24 cm Ø) leicht einfetten.

2 Butter und Zucker in einer Schüssel schaumig rühren.

3 Nach und nach die Eier zugeben und gut unterrühren.

4 Vorsichtig das Mehl mit dem Backpulver unterheben und die Hälfte des Teigs in eine zweite Schüssel geben.

5 Kakaopulver und die Hälfte des Orangensafts in eine der beiden Schüsseln geben und vorsichtig unterheben.

6 Orangenschale und den restlichen Orangensaft mit der zweiten Teigmischung verrühren.

7 Die beiden Teigmischungen abwechselnd in die vorbereitete Kuchenform löffeln, dann ein Holzstäbchen so durch die Mischung ziehen, dass ein Marmormuster entsteht.

8 Den so vorbereiteten Kuchen in einem vorgeheizten Backofen bei 180 °C 30–35 Minuten backen, bis er gut aufgegangen ist und ein in die Mitte gestochener Metallspieß sauber bleibt. Den fertigen Kuchen in der Form kurz abkühlen lassen, dann auf ein Kuchengitter legen und vollständig auskühlen lassen.

Variation

Für ein intensiveres Aroma 40 g gehackte Schokolade zu der Kakaomischung geben.

Klementinenkuchen

Der Kuchen hat sein erfrischendes Aroma der Schale und dem Saft der Klementine zu verdanken.

Ergibt 6–8 Stück

2 Klementinen
175 g weiche Butter
175 g feiner Zucker
3 Eier, verquirlt
175 g Mehl
1 ³/₄ TL Backpulver
3 EL gemahlene Mandeln
3 EL Schlagsahne

GLASUR UND GARNIERUNG
6 EL Klementinensaft
2 EL feiner Zucker
3 Stücke weißer Würfelzucker, zerstoßen

2

4

1 Eine Springform (18 cm Ø) einfetten und mit Backpapier auslegen.

2 Die Clementinen dünn abschälen und die Schale fein hacken. In eine Schüssel geben und mit Butter und Zucker schaumig rühren.

3 Nach und nach die Eier zugeben und jeweils gründlich verquirlen.

4 Mehl und Backpulver untermischen, dann Mandeln und Sahne zufügen und den fertigen Teig in die vorbereitete Form geben.

5 Den Teig in einem vorgeheizten Backofen bei 180 °C 55–60 Minuten backen, bis ein in die Mitte gestochener Metallspieß sauber bleibt. Den fertigen Kuchen etwas abkühlen lassen.

7

6 Für die Glasur Klementinensaft und Zucker in einem kleinen Topf zum Kochen bringen und 5 Minuten köcheln lassen.

7 Die Glasur über den Kuchen träufeln, bis sie aufgesogen ist. Dann mit dem zerstoßenen Würfelzucker bestreuen.

Tipp

Statt von Hand die Klementinenschale zusammen mit dem Zucker in der Küchenmaschine zerkleinern. Die Mischung dann mit der Butter in eine Schüssel geben und gut verquirlen.

Mandelstreusel mit Kaffee-Aroma

Dieser Kuchen hat einen Boden mit Kaffee-Aroma, der mit einer würzigen Streuselschicht bedeckt wird.

Ergibt 8–12 Stück

275 g Mehl
1 EL Backpulver
75 g feiner Zucker
150 ml Milch
2 Eier
100 g Butter, zerlassen und abgekühlt
2 EL Instantkaffee, mit 1 EL heißem Wasser gemischt
50 g Mandeln, gehackt

Puderzucker, zum Bestäuben

STREUSEL
75 g Mehl
3/4 TL Backpulver
75 g Demerara-Zucker
25 g Butter, in kleinen Stücken
1 TL Lebkuchengewürz (siehe Tipp Seite 298), ersatzweise Piment
1 EL Wasser

2

2

4

1 Eine Springform (24 cm Ø) einfetten. Mehl und Backpulver in eine Schüssel sieben. Den Zucker zugeben und alles gut vermengen.

2 Milch, Eier, Butter und Kaffee verquirlen und zu den trockenen Zutaten geben. Die Mandeln zugeben und mit den anderen Zutaten vermischen. Den Teig in die vorbereitete Backform füllen.

3 Für die Streusel Mehl, Backpulver und Demerara-Zucker mischen.

4 Die Butter mit den Fingern in dieser Mischung verreiben, bis ein krümeliger Teig entsteht. Lebkuchengewürz oder Piment und Wasser zugeben und alles zu Streuseln verarbeiten. Die Streusel über den vorbereiteten Teig streuen.

5 Den Teig in einem vorgeheizten Backofen bei 190 °C 50–60 Minuten backen. Wenn die Streusel zu schnell braun werden, die Form mit Alufolie abdecken. Den fertigen Kuchen in der Form etwas abkühlen lassen, dann aus der Form nehmen und kurz vor dem Servieren mit Puderzucker bestreuen.

Zitronenkuchen mit Sirup

Der Zitronensaft verleiht dem Sirup einen sehr leichten und erfrischenden Geschmack.

3

4

Ergibt 6–8 Stück

200 g Mehl
2 TL Backpulver
200 g feiner Zucker
4 Eier
150 g saure Sahne
abgeriebene Schale von
 1 großen Zitrone
4 EL Zitronensaft
150 ml Sonnenblumenöl

SIRUP
4 EL Puderzucker
3 EL Zitronensaft

7

1 Eine Springform (20 cm Ø) einfetten.

2 Mehl und Backpulver in eine Schüssel sieben und mit dem Zucker vermengen.

3 In einer zweiten Schüssel Eier, saure Sahne, Zitronenschale, Zitronensaft und Öl verquirlen.

4 Diese Mischung zu den trockenen Zutaten geben und alles zu einem glatten Teig verarbeiten.

5 Den Teig in die vorbereitete Form geben und 45 Minuten in einem vorgeheizten Backofen bei 180 °C goldbraun backen.

6 Währenddessen für den Sirup Puderzucker und Zitronensaft in einen kleinen Topf geben. Bei geringer Hitze so lange unter Rühren erwärmen, bis der Sirup Bläschen wirft und eindickt.

7 Nachdem der Kuchen aus dem Ofen genommen wurde, mit einem dünnen Spieß mehrfach einstechen. Dann den Sirup auf dem Kuchen verstreichen. Den fertigen Kuchen vor dem Servieren in der Form ganz auskühlen lassen.

Tipp

Die Oberfläche sollte eingestochen werden, damit der Kuchen den Sirup besser aufnimmt.

Ingwerbrot

Das Ingwerbrot wird durch die Zugabe von Äpfeln sehr saftig.

Ergibt 10–15 Stück

- 150 g Butter
- 175 g brauner Zucker
- 2 EL Zuckerrübensirup
- 225 g Mehl
- 1 TL Backpulver
- 2 TL Natron
- 2 TL gemahlener Ingwer
- 150 ml Milch
- 1 Ei, verquirlt
- 2 Äpfel, geschält, entkernt, gehackt und mit 1 EL Zitronensaft beträufelt

1 Eine quadratische Backform (23 cm Seitenlänge) einfetten und mit Backpapier auslegen.

2 Butter, Zucker und Sirup in einem kleinen Topf bei geringer Hitze zerlassen. Dann abkühlen lassen.

3 Mehl, Backpulver, Natron und Ingwer in einer Schüssel vermengen.

4 Erst Milch, Ei und Buttermischung, dann die Äpfel zugeben.

2

4

5

Variation

Für ein stärkeres Ingweraroma in Schritt 3 zusätzlich 25 g fein gehackten kandierten Ingwer zugeben.

5 Alle Zutaten vorsichtig vermengen und den fertigen Teig in die vorbereitete Form geben.

6 Den Teig in einem vorgeheizten Backofen bei 170 °C 30–35 Minuten backen, bis er aufgegangen ist und ein in die Mitte gestochener Metallspieß sauber bleibt.

7 Den fertigen Kuchen in der Form etwas abkühlen lassen, dann herausnehmen und in 12 Stücke schneiden.

Kümmelkuchen

Dies ist ein klassisches Kuchenrezept mit Kümmel von der Insel Madeira. Wenn Sie das Gewürz nicht mögen, dann können Sie es auch weglassen.

2

4

Ergibt 12–16 Stück

125 g weiche Butter
175 g brauner Zucker
3 Eier, verquirlt
350 g Mehl
3 1/2 TL Backpulver
1 TL Kümmel
abgeriebene Schale von 1 Zitrone
6 EL Milch
etwas Zitronat

1 Eine Kastenform (20 cm–25 cm Seitenlänge) einfetten und mit Backpapier auslegen.

2 Butter und Zucker in einer Schüssel schaumig rühren.

3 Nach und nach die Eier zugeben und jeweils gründlich verquirlen.

5

4 Mehl und Backpulver in die Mischung sieben und gut unterrühren.

5 Kümmel, Zitronenschale und Milch zugeben und alle Zutaten gut miteinander vermengen.

6 Den fertigen Teig in die Form geben und glatt streichen.

Tipp

Zitronat finden Sie in jedem Supermarkt. Sie können ebenso gut gemischtes Zitronat und Orangeat verwenden.

7 Den Teig in einem vorgeheizten Backofen bei 160 °C 20 Minuten backen.

8 Den Kuchen aus dem Ofen nehmen, mit dem Zitronat belegen und weitere 40 Minuten backen, bis er gut aufgegangen ist und ein in die Mitte gestochener Metallspieß sauber bleibt.

9 Den fertigen Kuchen in der Form kurz abkühlen lassen, dann auf ein Kuchengitter legen und vor dem Servieren auskühlen lassen.

Mandelkuchen

Die Honigglasur, die nach dem Backen auf den Kuchen gestrichen wird, verleiht ihm ein sehr saftiges Aroma. Nach Belieben können Sie die Honigglasur auch weglassen.

Ergibt 6–8 Stück

100 g Margarine
50 g brauner Zucker
2 Eier
175 g Mehl
2 3/4 TL Backpulver
4 EL Milch
2 EL flüssiger Honig
50 g gehobelte Mandeln

GLASUR
150 ml flüssiger Honig
2 EL Zitronensaft

Tipp

Probieren Sie für die Glasur Honigsorten mit unterschiedlichen Aromen.

2

3

6

1 Eine Springform (18 cm Ø) einfetten und mit Backpapier auslegen.

2 Margarine, Zucker, Eier, Mehl, Backpulver, Milch und Honig in einer Schüssel 1 Minute lang gründlich verrühren.

3 Den so entstandenen Teig in die vorbereitete Form geben, glatt streichen und mit den Mandeln bestreuen.

4 Den Teig in einem vorgeheizten Backofen bei 180 °C 50 Minuten backen, bis er gut aufgegangen ist.

5 In der Zwischenzeit für die Glasur Honig und Zitronensaft in einem kleinen Topf etwa 5 Minuten köcheln lassen, bis die Mischung am Löffel kleben bleibt.

6 Den fertigen Kuchen, sobald er aus dem Backofen kommt, mit der Glasur beträufeln.

7 Vor dem Servieren mindestens 2 Stunden ziehen lassen.

Schokoladenschnitten

Durch die saure Sahne wird dieser Schokoladenkuchen locker und saftig.

1

3

Tipp

Lassen Sie den Kuchen auf einem Kuchengitter auskühlen. Schieben Sie unter das Kuchengitter ein Blech, um die Glasurtropfen aufzufangen.

Ergibt 18–24 Stück

225 g Butter
100 g Zartbitterschokolade, gehackt
150 ml Wasser
300 g Mehl
2 TL Backpulver
275 g brauner Zucker
150 g saure Sahne
2 Eier, verquirlt

GLASUR
200 g Zartbitterschokolade
6 EL Wasser
3 EL Schlagsahne
1 EL Butter, gekühlt

1 Ein Backblech (33 cm x 20 cm) einfetten und mit Backpapier auslegen. Butter, Schokolade und Wasser in einem Topf unter ständigem Rühren zerlassen.

2 Mehl und Backpulver in eine Schüssel sieben und mit dem Zucker vermengen.

3 Die Schokoladenmasse zugießen und alles gleichmäßig verrühren. Dann die saure Sahne, anschließend die Eier einrühren.

4 Den fertigen Teig auf dem vorbereiteten Backblech verteilen und in einem vorgeheizten Backofen bei 190 °C 40–45 Minuten backen.

5 Den Teig in der Form etwas abkühlen lassen, dann auf ein Kuchengitter legen und vollständig auskühlen lassen.

3

6 Für die Glasur die Schokolade mit dem Wasser bei sehr geringer Hitze schmelzen, dann die Sahne einrühren. Die Mischung vom Herd nehmen und die Butter einrühren. Den fertigen Schokoguss über den ausgekühlten Teig gießen und gleichmäßig darauf verteilen.

Schokoladen-Mandel-Kuchen

Schokolade und Mandeln sind einfach eine himmlische Zusammenstellung. Aber seien Sie gewarnt: Es bleibt sicher nicht bei einem Stück.

Ergibt 8–12 Stück

175 g Zartbitterschokolade
175 g Butter
125 g feiner Zucker
4 Eier, getrennt
50 g Mehl
1/2 TL Backpulver
1/4 TL Weinstein
5 Tropfen Bittermandelaroma
125 g gemahlene Mandeln

BELAG
125 g Vollmilchschokolade
25 g Butter
4 EL Crème double

GARNIERUNG
25 g gehobelte Mandeln
25 g Zartbitterschokolade, geschmolzen

1 Eine Springform (22 cm Ø) leicht einfetten und mit Backpapier auslegen. Die Schokolade in kleine Stücke brechen und mit der Butter in einem kleinen Topf unter ständigem Rühren zum Schmelzen bringen.

2 100 g Zucker mit dem Eigelb zu einer hellen und cremigen Masse verquirlen. Die Schokoladenmasse zugeben und gut verrühren.

2

4

3 Mehl und Backpulver in die Mischung sieben, Weinstein, Bittermandelaroma und gemahlene Mandeln zugeben und unterheben.

4 Das Eiweiß so lange schlagen, bis der Eischnee steife Spitzen bildet. Den restlichen Zucker zugeben und alles sehr steif schlagen. Den Eischnee unter die Schokoladenmasse heben und den Teig in die Springform geben. Im vorgeheizten Backofen bei 190 °C 40 Minuten backen, bis der Kuchen beim Andrücken leicht nachgibt. Abkühlen lassen.

5 Die Zutaten für den Belag im Wasserbad erhitzen, dann vom Herd nehmen und 2 Minuten aufschlagen. 30 Minuten abkühlen lassen. Den Kuchen auf einen Servierteller geben und mit dem Belag überziehen. Mit den Mandelblättern bestreuen und flüssige Schokolade darüber träufeln. Vor dem Servieren 2 Stunden ruhen lassen.

4

Mokka-Schichtkuchen

Die Schokoladenböden mit Kaffeecreme machen diesen Mokka-Schichtkuchen zu einer wahren Köstlichkeit.

Ergibt 6–8 Stück

200 g Mehl
2 1/4 TL Backpulver
4 EL Kakaopulver
100 g Zucker
2 Eier
2 EL heller Sirup
150 ml Sonnenblumenöl
150 ml Milch

FÜLLUNG
1 TL Instantkaffee
1 EL kochendes Wasser
300 g Crème double
25 g Puderzucker

GARNIERUNG
50 g Schokoladenlocken
Schokoladenspäne (siehe Seite 50)
Puderzucker, zum Bestäuben

2

4

5

1 Drei Springformen (18 cm Ø) leicht einfetten.

2 Mehl, Backpulver und Kakaopulver in eine große Schüssel sieben. Den Zucker einrühren. In die Mitte eine Mulde drücken und Eier, Sirup, Öl und Milch hineingießen. Mit einem Holzlöffel nach und nach mit den trockenen Zutaten verrühren, bis ein glatter Teig entsteht. Den Teig gleichmäßig auf die Springformen verteilen.

3 Im vorgeheizten Backofen bei 180 °C 35–45 Minuten backen, bis der Kuchen beim Andrücken leicht nachgibt. 5 Minuten in den Formen ruhen lassen, dann auf einem Kuchengitter auskühlen lassen.

4 Den Kaffee in dem kochenden Wasser auflösen und mit Crème double und Puderzucker kräftig verrühren, bis die Masse sehr cremig ist. Die Kuchenböden mit der Hälfte der Creme bestreichen und zusammensetzen. Die restliche Creme oben und an den Seiten verstreichen. Die Schokoladenlocken an den Tortenseiten leicht andrücken.

5 Den Kuchen mit den Schokoladenspänen belegen. Aus Backpapier schmale Streifen schneiden und darüber legen. Mit Puderzucker bestäuben, dann das Papier vorsichtig abheben und die Torte servieren.

Nussig-fruchtiger Olivenölkuchen

Für diesen Kuchen sollte man unbedingt sehr gutes Olivenöl verwenden, da das Öl entscheidend den Geschmack des Kuchens bestimmt.

Ergibt 6–8 Stück

225 g Mehl
2 1/4 TL Backpulver
50 g feiner Zucker
125 ml Milch
4 EL Orangensaft
150 ml Olivenöl
100 g gemischte Trockenfrüchte
25 g Pinienkerne

1 Eine Springform (18 cm Ø) einfetten und mit Backpapier auslegen.

2 Mehl und Backpulver in eine Schüssel sieben, dann den Zucker unterrühren.

3 Eine Mulde in die Mitte der Mehlmischung drücken, Milch und Orangensaft hineingießen und alles mit einem Holzlöffel verrühren.

4 Olivenöl zugießen und gut unterrühren.

3

4

5

Tipp

Pinienkerne sind als wichtige Zutat des italienischen Pesto bekannt. Hier geben sie dem Kuchen einen feinen, nussartigen Geschmack.

5 Trockenfrüchte und Pinienkerne einrühren und die so entstandene Mischung in die vorbereitete Backform füllen.

6 Den Teig in einem vorgeheizten Backofen bei 180 °C 45 Minuten backen, bis er goldbraun und fest geworden ist.

7 Den fertigen Kuchen in der Form kurz abkühlen lassen, dann auf ein Kuchengitter legen, in Scheiben schneiden und warm oder kalt servieren.

Möhrenkuchen

Dieser köstliche Kuchen mit Möhren, Kokosraspeln und Walnüssen ist nicht nur bei Kindern, sondern auch bei Erwachsenen sehr beliebt.

2

3

5

Ergibt 12 Stück

125 g Mehl
1 1/4 TL Backpulver
1 Prise Salz
1 TL gemahlener Zimt
125 g brauner Zucker
2 Eier, verquirlt
100 ml Sonnenblumenöl
125 g Möhren, fein gerieben
25 g Kokosraspel
25 g Walnüsse, gehackt

Walnussstücke, zum Garnieren

CREME
50 g weiche Butter
50 g Frischkäse
225 g Puderzucker, gesiebt
1 TL Zitronensaft

1 Eine quadratische Backform (20 cm Seitenlänge) leicht einfetten und mit Backpapier auslegen.

2 Mehl, Backpulver, Salz und Zimt in eine Schüssel sieben. Zucker zugeben, Eier und Öl zufügen und alles gut unterrühren.

3 Möhren, Kokosraspel und Walnüsse zugeben und unterrühren.

4 Den Teig in die Form füllen und in einem vorgeheizten Backofen bei 180 °C 20–25 Minuten backen, bis er gerade fest ist. Dann in der Form abkühlen lassen.

5 Für die Creme Butter, Frischkäse, Puderzucker und Zitronensaft in einer Schüssel gut verrühren.

6 Den fertigen Kuchen aus der Form nehmen und in 12 Stücke schneiden. Die Schnitten mit der vorbereiteten Creme bestreichen und mit Walnussstücken garnieren.

Variation

Für einen saftigeren Kuchen die Kokosraspel durch eine zerdrückte Banane ersetzen.

Knuspriger Früchtekuchen

Durch Polenta erhält der Kuchen seine lockere Konsistenz und seine appetitliche gelbe Farbe.

Ergibt 6–8 Stück

100 g weiche Butter
100 g feiner Zucker
2 Eier, verquirlt
50 g Mehl, gesiebt
1 1/2 TL Backpulver
100 g Polenta
225 g gemischte Trockenfrüchte
25 g Pinienkerne
abgeriebene Schale von 1 Zitrone
4 EL Zitronensaft
2 EL Milch

Tipp

Für einen etwas leichteren Kuchen anstelle der Polenta 100 g mehr Mehl, also insgesamt 150 g Mehl verwenden. Die Backzeit beträgt dann 50 Minuten.

2

3

5

1 Eine Springform (18 cm Ø) einfetten und mit Backpapier auslegen.

2 Butter und Zucker in einer Schüssel schaumig rühren.

3 Nach und nach die Eier zugeben und jeweils gründlich verquirlen.

4 Mehl, Backpulver und Polenta zugeben und gründlich unterrühren.

5 Trockenfrüchte, Pinienkerne, Zitronenschale, Zitronensaft und Milch einrühren.

6 Den fertigen Teig in die vorbereitete Form füllen und glatt streichen.

7 Den Teig in einem vorgeheizten Backofen bei 180 °C 1 Stunde backen, bis ein in die Mitte gestochener Metallspieß sauber bleibt.

8 Den fertigen Kuchen vor dem Servieren in der Form abkühlen lassen.

Schokoladen-Trüffel-Torte

Schokoladen-Fanatiker werden diese mit einer gehaltvollen Trüffelmasse überzogene Biskuittorte einfach unwiderstehlich finden.

Ergibt 6–8 Stück

75 g Butter
75 g feiner Zucker
2 Eier, leicht verquirlt
75 g Mehl
1 TL Backpulver
25 g Kakaopulver
50 g gemahlene Mandeln

TRÜFFELBELAG
350 g Zartbitterschokolade
100 g Butter
300 g Crème double
75 g Semmelbrösel
3 EL Rum

GARNIERUNG
Physalis (Kapstachelbeeren)
50 g Zartbitterschokolade, geschmolzen

1 Eine Springform (20 cm Ø) leicht einfetten und mit Backpapier auslegen. Butter und Zucker zu einer hellen, schaumigen Masse verquirlen. Die Eier unter ständigem Rühren nach und nach zugeben.

2 Mehl, Backpulver und Kakaopulver darüber sieben, die gemahlenen Mandeln zugeben und gut unterheben. Den Teig in die Springform geben und im vorgeheizten Backofen bei 180 °C 20–25 Minuten backen, bis der Kuchen beim Andrücken leicht nachgibt. 5 Minuten abkühlen lassen, dann aus der Form nehmen und vorsichtig auf ein Kuchengitter legen. Die Springform spülen, gründlich abtrocknen und den Kuchen wieder hineinstellen.

3 Für den Belag die Schokolade in kleine Stücke brechen und mit Butter und Crème double in einem kleinen Topf schmelzen, dabei ständig rühren. Abkühlen lassen und für 30 Minuten in den Kühlschrank stellen. Mit einem Holzlöffel gut durchschlagen und weitere 30 Minuten kalt stellen. Die Mischung erneut aufschlagen, Semmelbrösel und Rum zugeben und gut verrühren. Auf den Biskuitboden geben und für 3 Stunden in den Kühlschrank stellen.

4 Unterdessen die Physalis halb in die flüssige Schokolade tauchen und auf Backpapier abkühlen lassen. Den fertigen Kuchen auf einem Servierteller anrichten und mit den Früchten garnieren.

2

3

4

Schokoladen-Schichtkuchen

Ein verführerischer Kontrast: Eine gehaltvolle Schokoladencreme liegt zwischen den dünnen Schichten dieses leichten und lockeren Kuchens.

3

5

5

Ergibt 6–8 Stück

7 Eier
200 g feiner Zucker
150 g Mehl
50 g Kakaopulver
50 g Butter, zerlassen

FÜLLUNG
125 g Butter
200 g Zartbitterschokolade
50 g Puderzucker

GARNIERUNG
75 g geröstete Mandelblätter, leicht zerkleinert
Schokoladenspäne (siehe Seite 50) oder geriebene Schokolade

1 Eine Kastenform (20 cm Seitenlänge) leicht einfetten und mit Backpapier auslegen.

2 Eier und Zucker so lange kräftig verquirlen, bis der Eischaum steife Spitzen bildet.

3 Mehl und Kakaopulver zusammen sieben und die Hälfte davon unter die Eimasse heben. Die zerlassene Butter zugießen, dann den Rest der Mehl-Kakao-Mischung unterheben. Den Teig in die Form füllen und im vorgeheizten Backofen bei 180 °C 30–35 Minuten backen, bis der Kuchen beim Andrücken leicht nachgibt. Den Kuchen 5 Minuten abkühlen lassen, dann aus der Form nehmen und auf ein Kuchengitter legen.

4 Für die Füllung Butter und Schokolade zusammen schmelzen, den Topf vom Herd nehmen und den Puderzucker einrühren. Nach dem Abkühlen zu einer dicken Creme aufschlagen.

5 Den Kuchen längs halbieren, die Hälften jeweils in 3 Schichten schneiden und das Ganze mit drei Vierteln der Schokoladencreme wieder zusammensetzen. Den Kuchen mit dem Rest der Creme überziehen, mit der Gabel ein dekoratives Muster einritzen und die Seiten mit den Mandelblättern bestreuen. Mit Schokoladenspänen oder geriebener Schokolade garnieren.

Schokoladen-Mango-Kuchen

Wenn der Kuchen nach dem Backen zu sehr gewölbt ist, schneiden Sie ihn gerade ab und drehen ihn einfach um. Er schmeckt auch mit Pfirsichen.

2

3

6

Ergibt 8–12 Stück

50 g Kakaopulver
150 ml heißes Wasser
6 große Eier
350 g feiner Zucker
300 g Mehl
3 TL Backpulver

FÜLLUNG
800 g Mangos (Dose)
1 TL Speisestärke
425 g Crème double

GARNIERUNG
75 g Zartbitter-Schokoladenflocken oder geriebene Schokolade

1 Eine Springform (24 cm Ø) leicht einfetten und mit Backpapier auslegen.

2 Das Kakaopulver in eine kleine Schüssel geben, nach und nach das heiße Wasser zugießen und unter Rühren zu einer glatten Paste verarbeiten.

3 Eier und Zucker schaumig rühren, bis die Eimasse steife Spitzen bildet. Die Kakaomischung unterheben, dann Mehl und Backpulver einsieben und unterheben.

4 Den Teig in die Form geben und glatt streichen. Im vorgeheizten Backofen bei 170 °C 1 Stunde backen, bis der Kuchen beim Andrücken leicht nachgibt.

5 Den Kuchen 5 Minuten abkühlen lassen, dann aus der Form nehmen und auf ein Kuchengitter legen. Nach dem Abkühlen das Backpapier abziehen und den Kuchen zweimal längs durchschneiden.

6 Die Mangos abtropfen lassen, dabei die Flüssigkeit auffangen. Ein Viertel der Früchte im Mixer pürieren. 3 Esslöffel des Fruchtsafts mit der Speisestärke verrühren und unter ständigem Rühren mit dem Fruchtpüree in einem kleinen Topf erhitzen, bis die Flüssigkeit eindickt. Abkühlen lassen.

7 Die restlichen Mangostücke hacken. Die Crème double steif schlagen und ein Viertel davon zurückbehalten. Die übrige Crème double mit den Mangostücken verrühren und den Kuchen damit füllen. Den Kuchen auf einer Servierplatte anrichten, den Rand mit einem Teil der restlichen Crème double überziehen und mit Schokoladenflocken oder geriebener Schokolade garnieren. Einen Sahnerand oben um den Kuchen spritzen und das Mangopüree in der Mitte verstreichen.

Lamington-Kuchen

Der berühmte australische Lamington-Kuchen stand für diesen Kuchen Pate. Er muss wohl der Lieblingskuchen von Lord Lamington (ehemaliger Gouverneur von Queensland, Australien) gewesen sein.

4

Ergibt 10–12 Stück

175 g Butter oder Margarine
175 g feiner Zucker
3 Eier, leicht verquirlt
150 g Mehl
1 1/2 TL Backpulver
2 EL Kakaopulver
50 g Zartbitterschokolade, in Stücke gebrochen
5 EL Milch
1 TL Butter
125 g Puderzucker
etwa 8 EL Kokosraspel
150 g Crème double, geschlagen

5

5

1 Eine kleine Kastenform leicht einfetten.

2 Butter oder Margarine und Zucker in einer Schüssel schaumig rühren. Die Eier unter Rühren nach und nach zugeben. Mehl, Backpulver und Kakao in die Mischung sieben und gut einrühren.

3 Den Teig in die Form füllen und die Oberfläche glatt streichen. Im vorgeheizten Backofen bei 180 °C 40 Minuten backen, bis der Kuchen beim Andrücken leicht nachgibt. 5 Minuten in der Form stehen lassen, dann auf ein Kuchengitter legen und abkühlen lassen.

4 Schokolade, Milch und Butter in eine hitzebeständige Schüssel geben und im Wasserbad unter Rühren schmelzen. Den Puderzucker zufügen und gut verrühren. Die Masse etwas fest werden lassen, dann über den gesamten Kuchen streichen. Mit Kokosraspel bestreuen und die Glasur fest werden lassen.

5 Einen V-förmigen Keil oben aus dem Kuchen schneiden. Die Crème double in einen Spritzbeutel mit Sterntülle füllen und in das „V" spritzen, den Keil wieder aufsetzen und an beiden Schnittkanten Crème double aufspritzen.

Schokoladen-Walnuss-Kuchen

Dieser mit Walnüssen gespickte Schokoladenkuchen hat einen leckeren Schokoladenüberzug. Ein perfekter Genuss, der sich am Vortag gut vorbereiten lässt.

Ergibt 6–8 Stück

4 Eier
125 g feiner Zucker
125 g Mehl
1 EL Kakaopulver
25 g Butter, zerlassen
75 g Zartbitterschokolade, geschmolzen
150 g Walnüsse, fein gehackt

Walnusshälften, zum Garnieren

FÜLLUNG
75 g Zartbitterschokolade
125 g Butter
200 g Puderzucker
2 EL Milch

2

5

5

1 Eine Springform (18 cm Ø) leicht einfetten und mit Backpapier auslegen. Eier und Zucker so lange rühren, bis sich steife Spitzen bilden.

2 Mehl und Kakaopulver in die Eimasse sieben und unterheben. Dann zerlassene Butter, geschmolzene Schokolade und Walnüsse unterheben. Den Teig in die Form geben und im vorgeheizten Backofen bei 160 °C 30–35 Minuten backen, bis der Kuchen beim Andrücken leicht nachgibt.

3 Den Kuchen 5 Minuten abkühlen lassen, dann vorsichtig aus der Form nehmen und auf ein Kuchengitter legen. Den abgekühlten Kuchen quer durchschneiden.

4 Für die Füllung die Schokolade schmelzen und leicht abkühlen lassen. Butter, Puderzucker und Milch zu einer hellen, schaumigen Masse verquirlen, dann vorsichtig die geschmolzene Schokolade unterheben.

5 Den Kuchen auf eine Kuchenplatte legen, etwas Füllung zwischen die Kuchenhälften geben und den Kuchen mit der restlichen Creme überziehen. Mit dem Palettenmesser dekorative Spitzen ziehen und mit den halben Walnüssen garnieren.

Weiße Trüffeltorte

Ein leichter, heller Biskuitteig mit einer cremig-weißen Schokoladen-Trüffel-Mischung macht diese Torte zu einer der Spitzenklasse.

2

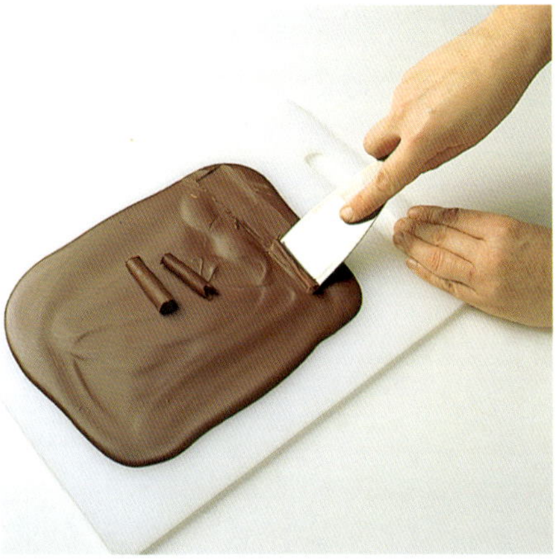

3

3

Ergibt 6–8 Stück

2 Eier
50 g feiner Zucker
50 g Mehl
50 g weiße Schokolade, geschmolzen

TRÜFFELBELAG
300 g Crème double
350 g weiße Schokolade, in Stücke gebrochen
250 g Quark

GARNIERUNG
Zartbitter-, Vollmilch- oder weiße Schokolade, geschmolzen
Kakaopulver, zum Bestäuben

1 Eine Springform (20 cm Ø) einfetten und mit Backpapier auslegen. Eier und Zucker in einer großen Schüssel so lange verquirlen, bis die Mischung schaumig ist und steife Spitzen bildet. Das Mehl mit einem Holzlöffel unterrühren. Die weiße Schokolade einrühren. Den Teig in die Springform geben und im vorgeheizten Backofen bei 180 °C 25 Minuten backen. Auf einem Kuchengitter vollständig auskühlen lassen, dann wieder in die ausgewaschene Springform geben.

2 Für den Belag die Crème double unter Rühren vorsichtig aufkochen. Etwas abkühlen lassen, die weiße Schokolade zufügen und rühren, bis sie geschmolzen ist. Vom Herd nehmen und unter Rühren abkühlen lassen. Den Quark einrühren. Die Mischung auf dem Kuchen verteilen und für 2 Stunden kalt stellen. Den Kuchen aus der Form nehmen.

3 Für die großen Schokoladenspäne die geschmolzene Schokolade auf ein Marmor- oder Acrylbrett gießen und mit einem Palettenmesser dünn ausstreichen. Auf Zimmertemperatur abkühlen lassen. Mit einem Spachtel im Winkel von 25° über die Schokolade schaben, bis sich große Späne formen. Die Späne einzeln beiseite legen und fest werden lassen. Die Torte mit den Spänen garnieren und mit Kakaopulver bestäuben.

Schokoladen-Karotten-Kuchen

Was könnte köstlicher und verführerischer sein als ein saftiger Karottenkuchen? Ein Schokoladen-Karotten-Kuchen natürlich!

Ergibt 6–8 Stück

5 Eier
150 g feiner Zucker
150 g Mehl
40 g Kakaopulver
175 g Karotten, fein gerieben
50 g gehackte Walnüsse
2 EL Sonnenblumenöl
350 g Frischkäse
175 g Puderzucker
175 g Vollmilch- oder Zartbitterschokolade, geschmolzen

1 Eine Springform (20 cm Ø) leicht einfetten und mit Backpapier auslegen.

2 Eier und Zucker im heißen Wasserbad so lange rühren, bis der Eischaum steife Spitzen bildet.

3 Die Schüssel vom Herd nehmen, Mehl und Kakaopulver in den Eischaum sieben und vorsichtig unterheben. Karotten, Walnüsse und Öl ebenfalls vorsichtig unterheben.

2

3

5

4 Den Teig in die Form gießen und im vorgeheizten Backofen bei 190 °C 45 Minuten backen, bis der Kuchen beim Andrücken leicht nachgibt. 5 Minuten abkühlen lassen, dann aus der Form nehmen und auf ein Kuchengitter legen. Nach dem Abkühlen einmal quer durchschneiden.

5 Frischkäse und Puderzucker zu einer lockeren Masse verrühren, dann die geschmolzene Schokolade unterheben. Eine Kuchenschicht mit der Hälfte der Masse bestreichen, die zweite Schicht auflegen und mit der restlichen Masse überziehen. Mit dem Palettenmesser dekorative Spitzen ziehen. Vor dem Servieren abkühlen lassen.

Tipp

Der fertig gebackene Kuchenboden hält sich bis zu 2 Monaten in der Gefriertruhe. Zum Auftauen entweder 3 Stunden vor dem Garnieren aus der Truhe nehmen oder über Nacht in den Kühlschrank stellen.

Schwarz-weiße Schokoladentorte

Wenn Sie sich nur schwer zwischen heller und dunkler Schokolade entscheiden können, ist diese Torte genau das Richtige für Sie.

Ergibt 6–8 Stück

4 Eier
100 g feiner Zucker
100 g Mehl

Schokoladenspäne (siehe Seite 50), zum Garnieren

DUNKLE SCHOKOLADENCREME
300 g Crème double
150 g Zartbitterschokolade, in kleine Stücke gebrochen

WEISSE SCHOKOLADENGLASUR
75 g weiße Schokolade
15 g Butter
1 EL Milch
50 g Puderzucker

2

3

5

1 Eine Springform (20 cm Ø) leicht einfetten und mit Backpapier auslegen. Eier und Zucker so lange rühren, bis die Eimasse steife Spitzen bildet.

2 Das Mehl in die Eimasse sieben und unterheben. Den Teig in die Springform geben und im vorgeheizten Backofen bei 180 °C 35–40 Minuten backen, bis der Kuchen beim Andrücken leicht nachgibt. Den Kuchen 5 Minuten abkühlen lassen, dann aus der Form nehmen und auf ein Kuchengitter legen. Den abgekühlten Kuchen zwei Mal quer durchschneiden.

3 Für die Creme die Crème double in einem kleinen Topf unter Rühren zum Kochen bringen. Die Schokolade zugeben und gut verrühren, bis sie ganz geschmolzen ist, dann den Topf vom Herd nehmen und abkühlen lassen, dabei mit einem Holzlöffel gut aufschlagen.

4 Die Schokoladencreme sorgfältig zwischen die Kuchenböden streichen.

5 Für die Glasur weiße Schokolade und Butter in einem Topf schmelzen und gut verrühren. Milch und Puderzucker zugeben. Die Mischung mit einem Schneebesen oder im Handrührgerät so lange rühren, bis sie abgekühlt ist. Den Kuchen mit der Glasur überziehen, mit den Schokoladenspänen bestreuen und abkühlen lassen.

Schokoladenkuchen mit Orangenmousse

Die duftig-cremige Orangenmousse macht diesen fruchtig schmeckenden Rührkuchen einfach unwiderstehlich.

2

3

5

Ergibt 6–8 Stück

175 g Butter
175 g feiner Zucker
4 Eier, leicht verquirlt
1 EL Kakaopulver
200 g Mehl
2 TL Backpulver
50 g Zartbitterschokolade, geschmolzen

geschälte Orangenscheiben, zum Garnieren

ORANGENMOUSSE
2 Eier, getrennt
50 g feiner Zucker
200 ml frisch gepresster Orangensaft
2 TL gemahlene Gelatine
3 EL Wasser
300 g Crème double

1 Eine Springform (20 cm Ø) leicht einfetten und mit Backpapier auslegen. Butter und Zucker schaumig rühren. Nach und nach die Eier unterrühren. Kakao, Mehl und Backpulver sieben und unter die Mischung heben. Die Schokolade unterrühren.

2 Den Teig in die Form geben und glatt streichen. Im vorgeheizten Backofen bei 180 °C 40 Minuten backen. 5 Minuten stehen lassen, dann aus der Form nehmen und auf einem Kuchengitter abkühlen lassen. Den Kuchen quer durchschneiden.

3 Für die Mousse Eigelb und Zucker schaumig rühren. Den Orangensaft unterrühren. Die Gelatine in das Wasser einstreuen, quellen lassen und unter Rühren im Wasserbad auflösen. Unter die Mousse rühren.

4 Die Crème double steif schlagen, ein wenig für die Garnierung zurückbehalten und den Rest unter die Mousse heben. Das Eiweiß steif schlagen und unterheben. An einem kühlen Ort fest werden lassen, dabei gelegentlich umrühren.

5 Eine Kuchenschicht in die Springform legen, die Mousse darauf geben und die zweite Kuchenschicht aufdrücken. Fest werden lassen. Auf eine Kuchenplatte legen, mit der restlichen Crème double Sahnerosetten auf den Rand spritzen und die Mitte mit Orangenscheiben belegen.

Saftiger Schoko-Mandel-Kuchen

Dieser Kuchen ist ein Sommerdessert. Am besten servieren Sie ihn mit Sahne und frischen Früchten.

Ergibt 8–12 Stück

225 g Zartbitterschokolade, grob gehackt
3 EL Wasser
150 g brauner Zucker
175 g weiche Butter
25 g gemahlene Mandeln
3 EL Mehl
1 Prise Backpulver
5 Eier, getrennt
100 g geschälte Mandeln, fein gehackt
Puderzucker

Crème double, zum Servieren (nach Belieben)

1 Eine Springform (24 cm Ø) einfetten.

2 Die Schokolade mit dem Wasser in einen Topf geben und bei sehr schwacher Hitze unter ständigem Rühren schmelzen. Den Zucker zugeben und weiterrühren, bis er aufgelöst ist. Dann den Topf vom Herd nehmen.

2

3

3

3 Die Butter in kleinen Portionen zugeben und in der noch warmen Schokolade schmelzen. Dann Mandeln, Mehl und Backpulver einrühren. Nach und nach das Eigelb zugeben und gründlich unterrühren.

4 Das Eiweiß steif schlagen und mit einem Holzlöffel vorsichtig unter die Schokoladenmasse heben. Die gehackten Mandeln einrühren. Dann die Masse in die vorbereitete Form geben und glatt streichen.

5 Den Teig in einem vorgeheizten Backofen bei 180 °C 40–45 Minuten backen, bis er aufgegangen und fest ist (er platzt oben oft auf).

6 Den fertigen Kuchen 30–40 Minuten in der Form abkühlen lassen, dann zum Auskühlen auf ein Kuchengitter legen. Mit Puderzucker bestäuben, in Stücke schneiden und nach Belieben mit Crème double servieren.

Tipp

Für einen nussigeren Geschmack können Sie die gehackten Mandeln in einem kleinen Topf bei mittlerer Hitze rösten, bis sie goldbraun sind.

Schokoladen-Orangen-Kuchen

Der ideale Genuss zum Tee: ein orangig-fruchtiger Rührkuchen. Statt mit Zuckerguss zu überziehen, können Sie den Kuchen auch großzügig mit Puderzucker bestreuen.

2

3

Ergibt 6–8 Stück

175 g feiner Zucker
175 g Butter oder Margarine
3 Eier, verquirlt
175 g Mehl, gesiebt
1 3/4 TL Backpulver
2 EL Kakaopulver, gesiebt
2 EL Milch
3 EL Orangensaft
abgeriebene Schale von 1/2 Orange

GLASUR
175 g Puderzucker
2 EL Orangensaft
etwas dunkle Schokolade, geschmolzen (nach Belieben)

4

Variation

Geben Sie anstatt der Milch 2 Esslöffel Rum zur Schokoladenmischung. Der Kuchen schmeckt auch köstlich, wenn Sie anstatt der Orange Zitronensaft und -schale verwenden.

1 Eine Springform (20 cm Ø) leicht einfetten.

2 Zucker und Butter oder Margarine in einer Schüssel schaumig rühren. Die Eier unter Rühren nach und nach zufügen. Mehl und Backpulver sorgfältig unterrühren.

3 Die Mischung halbieren. Kakao und Milch mit einer Hälfte verrühren. Die andere Hälfte mit Orangensaft und -schale vermischen.

4 Die Mischungen löffelweise in die Backform füllen und mit einem Spieß verrühren, um einen Marmoreffekt zu erzielen. Im vorgeheizten Backofen bei 190 °C 25 Minuten backen, bis der Kuchen beim Andrücken leicht nachgibt.

5 Den Kuchen in der Form etwas abkühlen und dann auf einem Kuchengitter vollständig auskühlen lassen.

6 Für die Glasur den Puderzucker in eine Schüssel sieben und mit dem Orangensaft zu einer weichen Masse verrühren. Die Glasur auf dem Kuchen verstreichen und vor dem Servieren fest werden lassen. Mit geschmolzener Schokolade ein Marmordekor einziehen.

Gefüllter Schokoladenkuchen

Wer gar nicht genug bekommen kann, findet hier gleich noch einen herrlichen Kuchen, der mit einer delikaten Trüffelmasse gefüllt ist.

Ergibt 6–8 Stück

175 g Butter
175 g feiner Zucker
4 Eier, leicht verquirlt
200 g Mehl
2 TL Backpulver
1 EL Kakaopulver
50 g Zartbitterschokolade, geschmolzen

200 g Kuvertüre, zum Belegen

TRÜFFELMASSE
450 g Crème double
375 g Zartbitterschokolade, in kleine Stücke gebrochen

1

4

5

1 Eine Springform (20 cm Ø) leicht einfetten und mit Backpapier auslegen. Butter und Zucker zu einer hellen, schaumigen Masse verquirlen. Die Eier unter ständigem Rühren nach und nach zugeben. Mehl, Backpulver und Kakaopulver darüber sieben und unterrühren, dann die geschmolzene Schokolade unterheben.

2 Den Teig in die Form gießen, glatt streichen und im vorgeheizten Backofen bei 180 °C 40 Minuten backen, bis der Kuchen beim Andrücken leicht nachgibt. 5 Minuten abkühlen lassen, dann aus der Form nehmen und vorsichtig auf ein Kuchengitter legen. Anschließend einmal quer durchschneiden.

3 Für die Trüffelmasse die Crème double unter ständigem Rühren aufkochen und nach und nach die Schokolade zugeben und auflösen. In eine Schüssel geben und durchrühren, bis die Masse abgekühlt ist.

4 Ein Drittel der Trüffelmasse beiseite stellen, den Rest zwischen die Kuchenschichten geben und den Kuchen damit überziehen.

5 Die Kuvertüre schmelzen und auf einen großen Bogen Backpapier gießen. Abkühlen lassen, bis sie eben fest geworden ist, dann daraus Streifen schneiden, die etwas breiter sind als der Kuchen hoch ist. Die Streifen leicht überlappend rund um den Kuchen legen.

6 Die restliche Trüffelmasse in einen Spritzbeutel geben und die Oberfläche des Kuchens damit nach Belieben garnieren. Vor dem Servieren 1 Stunde in den Kühlschrank stellen.

Sachertorte

Ein Klassiker aus Österreich! Wobei der Garant für den Schriftzug eine ruhige Hand ist. Sie können den Kuchen stattdessen auch mit Schokoladenraspeln bestreuen.

Ergibt 8–12 Stück

175 g Zartbitterschokolade
150 g Butter
150 g feiner Zucker
6 Eier, getrennt
150 g Mehl

50 g Zartbitterschokolade, geschmolzen, zum Garnieren

GLASUR UND FÜLLUNG
175 g Zartbitterschokolade
5 EL starker schwarzer Kaffee
175 g Puderzucker
6 EL Aprikosenmarmelade

1 Eine Springform (24 cm Ø) einfetten. Die Schokolade schmelzen. Butter und 75 g Zucker schaumig rühren. Das Eigelb zufügen und alles kräftig verquirlen. Die Schokolade unter Rühren langsam zugießen. Das Mehl einrühren. Das Eiweiß steif schlagen. Den restlichen Zucker zufügen und etwa 2 Minuten zu einer glänzenden Masse schlagen und portionsweise in die Schokoladenmischung einarbeiten.

1

4

2 Den Teig in die Springform füllen und glatt streichen. Im vorgeheizten Backofen bei 150 °C 60–75 Minuten backen. 5 Minuten in der Form lassen, dann auf einem Kuchengitter vollständig auskühlen lassen.

3

3 Für die Glasur die Schokolade schmelzen und den Kaffee sorgfältig einrühren. Den Puderzucker in eine Schüssel sieben und mit der Schokoladenmischung zu einer dicken Masse verrühren. Den Kuchen quer halbieren. Die Marmelade erwärmen, einen Kuchenboden damit bestreichen und den anderen auflegen. Den Kuchen oben und an den Seiten mit der Schokoladencreme überziehen. 5 Minuten stehen lassen, damit überschüssige Creme ablaufen kann. Auf eine Kuchenplatte legen und 2 Stunden fest werden lassen.

4 Für die Garnierung etwas geschmolzene Schokolade in einen kleinen Spritzbeutel füllen und „Sacher" oder „Sachertorte" auf den Kuchen schreiben. Fest werden lassen und servieren.

Sachertorte

Dobos-Torte

Das Rezept für diese himmlisch leckere Buttercreme-Biskuittorte mit Karamellüberzug stammt aus Ungarn.

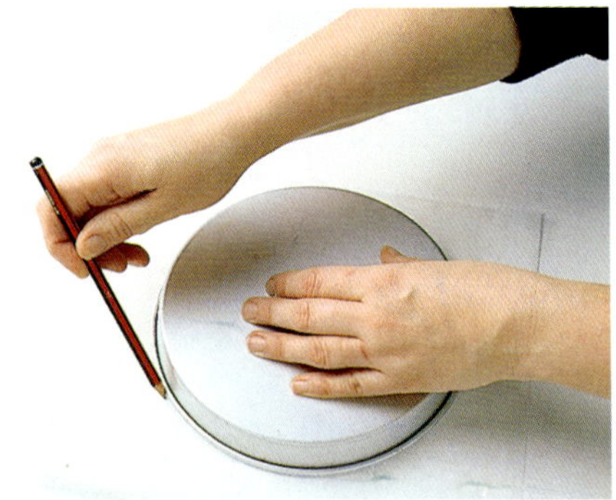

1

1

2

Ergibt 6–8 Stück

3 Eier
100 g feiner Zucker
5 Tropfen Vanillearoma
100 g Mehl

FÜLLUNG
175 g Zartbitterschokolade
175 g Butter
2 EL Milch
350 g Puderzucker

KARAMELL
100 g Kristallzucker
4 EL Wasser

1 Aus Backpapier 4 Kreise (18 cm Ø) ausschneiden und je 2 davon auf 2 Backbleche legen. Eier und Zucker so lange rühren, bis die Eimasse steife Spitzen bildet. Das Vanillearoma unterheben, dann das Mehl darüber sieben und unterheben. Die Papierkreise je mit einem Viertel der Mischung bedecken und im vorgeheizten Backofen bei 200 °C 5–8 Minuten goldbraun backen.

2 Für die Füllung die Schokolade schmelzen und leicht abkühlen lassen. Butter, Milch und Puderzucker zu einer hellen, schaumigen Masse verquirlen und die Schokolade einrühren. Für den Karamell Zucker und Wasser unter ständigem Rühren aufkochen, bis der Zucker ganz aufgelöst ist. Weiter kochen, bis der Sirup goldgelb ist, dann vom Herd nehmen und über einen Kuchenboden gießen. Leicht abkühlen lassen, dann mit einem leicht eingefetteten Palettenmesser 8 Portionsstücke einzeichnen. Das Papier von den Kuchenböden abziehen und die Böden eventuell noch einmal rund nachschneiden. Die Böden auf einem Servierteller mit einem Teil der Füllung zu einer Torte aufschichten und mit dem Karamellboden bedecken. Die restliche Füllung außen um den Kuchen streichen und nach Belieben mit einer Gabel dekorative Muster einritzen oder mit der Spritztüte Creme-Rosetten aufsetzen.

Bistvitny-Torte

Ein Marmorkuchen auf russische Art: Er wird zuerst mit einem leckeren Sirup getränkt und dann mit Schlagsahne und Schokolade garniert.

1

3

5

Ergibt 8–12 Stück

SCHOKOLADENDREIECKE
25 g Zartbitterschokolade, geschmolzen
25 g weiße Schokolade, geschmolzen

KUCHEN
175 g Margarine
175 g feiner Zucker
2–3 Tropfen Vanillearoma
3 Eier, leicht verquirlt
225 g Mehl
2 TL Backpulver
50 g Zartbitterschokolade

150 g Crème double, zum Garnieren

SIRUP
125 g Zucker
6 EL Wasser
3 EL Weinbrand oder Sherry

1 Eine Napfkuchenform (23 cm) einfetten. Für die Schokoladendreiecke ein Backblech mit Backpapier auslegen, mit dem Löffel abwechselnd weiße und dunkle Schokolade darauf verteilen und leicht zu einem Marmormuster verrühren, abkühlen lassen. Anschließend in Quadrate, dann in Dreiecke schneiden.

2 Für den Kuchen Margarine und Zucker zu einer hellen, schaumigen Masse verrühren. Das Vanillearoma zugeben. Die Eier unter ständigem Rühren nach und nach zugeben. Mehl und Backpulver einsieben und unterheben. Die Zartbitterschokolade schmelzen und mit einer Hälfte des Teigs verrühren.

3 Den hellen und den dunklen Teig abwechselnd in die Backform löffeln und mit einem Kuchenspieß leicht verrühren, um einen Marmoreffekt zu erzielen.

4 Im vorgeheizten Backofen bei 190 °C 30 Minuten backen, bis der Kuchen beim Andrücken leicht nachgibt. 5 Minuten abkühlen lassen, dann aus der Form nehmen und auf ein Kuchengitter legen.

5 Für den Sirup Zucker und Wasser in einem kleinen Topf erhitzen, bis der Zucker gelöst ist. 1–2 Minuten kochen, dann vom Herd nehmen und den Weinbrand oder Sherry zugießen. Den Sirup leicht abkühlen lassen und dann nach und nach über den Kuchen löffeln, bis dieser sich ganz vollgesogen hat. Die Crème double steif schlagen und den Kuchen mit der Crème und den Schokoladendreiecken garnieren.

Ananas-Schokoladen-Kuchen

Arm an Fett, aber reich an Geschmack: ein Kuchen mit einer dicken Joghurtcreme und saftigen Ananasstücken.

2

3

4

Ergibt 8–12 Stück

150 g Halbfettmargarine
125 g feiner Zucker
100 g Mehl
2 1/2 TL Backpulver
3 EL Kakaopulver, gesiebt
2 Eier
225 g Ananasstücke im eigenen Saft
125 g fettarmer Naturjoghurt
1 EL Puderzucker

geraspelte Schokolade, zum Garnieren

1 Eine quadratische Backform (20 cm Seitenlänge) leicht einfetten.

2 Margarine, Zucker, Mehl, Backpulver, Kakao und Eier in eine große Schüssel geben und mit einem Holzlöffel oder einem Handrührgerät glatt rühren.

3 Den Teig in die vorbereitete Backform geben und glatt streichen. Im vorgeheizten Backofen bei 190 °C 20–25 Minuten backen, bis der Kuchen beim Andrücken leicht nachgibt. In der Form leicht abkühlen lassen, dann zum Auskühlen auf ein Kuchengitter legen.

4 Die Ananas abtropfen lassen, die Stücke hacken und nochmals abtropfen lassen. Einige Stücke beiseite legen, die übrigen mit dem Joghurt verrühren und mit Puderzucker süßen.

5 Den Ananas-Joghurt auf dem Teig verteilen und mit den restlichen Ananasstücken garnieren. Mit geraspelter Schokolade bestreuen.

Tipp

Sie können den Kuchen, ohne Garnierung, in einem luftdichten Behälter 3 Tage aufbewahren. Garniert hält er sich 2 Tage im Kühlschrank.

Biskuit ohne Ei

Schlemmen ohne Reue. Der Kuchen aus Vollkornmehl ist gesund und überdies für Veganer geeignet.

3

Ergibt 6–8 Stück

225 g Weizen-Vollkornmehl
4 TL Backpulver
175 g feiner Zucker
6 EL Sonnenblumenöl
250 ml Wasser
5 Tropfen Vanillearoma
4 EL zuckerreduzierte Erdbeer- oder Himbeermarmelade

feiner Zucker, zum Bestreuen

3

4

Variation

Statt des Sonnenblumenöls zerlassene vegane Butter oder Margarine verwenden. Vor dem Zufügen bei Schritt 3 abkühlen lassen.

1 2 Springformen (20 cm Ø) einfetten und mit Backpapier auslegen.

2 Mehl und Backpulver in eine große Schüssel sieben. Die ausgesiebte Kleie zugeben und untermischen. Dann den Zucker einrühren.

3 Sonnenblumenöl, Wasser und Vanillearoma zufügen und alles 1 Minute verrühren, bis ein weicher Teig entsteht.

4 Den Teig auf die vorbereiteten Springformen verteilen.

5 In einem vorgeheizten Backofen bei 180 °C 25–30 Minuten backen, bis die Böden beim Andrücken leicht nachgeben. Die Böden in den Formen etwas abkühlen lassen, dann auf ein Kuchengitter legen.

6 Das Backpapier entfernen. Einen der Böden auf einen Kuchenteller legen und mit Marmelade bestreichen. Den anderen Boden auf die Marmeladenschicht legen und den fertigen Kuchen mit etwas Zucker bestreuen.

Orangen-Napfkuchen

Ein von Orangenaroma durchdrungener Kuchen. Dem Teig wird Saft, Schale und Blütenwasser der Orange zugegeben, der fertige Kuchen wird mit Orangensirup glasiert.

3

4

Ergibt 12–16 Stück

225 g weiche Butter
225 g feiner Zucker
4 Eier, getrennt
425 g Mehl
3 TL Backpulver
1 Prise Salz
300 ml frisch gepresster Orangensaft
1 EL Orangenblütenwasser
1 TL abgeriebene Orangenschale

SIRUP
200 ml Orangensaft
200 g Kristallzucker

7

1 Eine Napfkuchenform (26 cm Ø) einfetten.

2 Butter und Zucker in einer Schüssel schaumig rühren. Nach und nach das Eigelb zugeben und gut mit der Buttermischung verquirlen.

3 Mehl, Backpulver und Salz in eine Schüssel sieben. Jeweils abwechselnd etwas von dieser Mehlmischung und von dem Orangensaft zu der Butter-Ei-Masse geben und gut mit dieser vermengen. Danach das Orangenblütenwasser und die Orangenschale einrühren.

4 Das Eiweiß steif schlagen und unter die Mischung heben.

5 Den fertigen Teig in die Form geben und in einem vorgeheizten Backofen bei 180 °C 50–55 Minuten backen, bis ein in die Mitte gestochener Metallspieß sauber bleibt.

6 Orangensaft und Zucker in einem Topf zum Kochen bringen und 5 Minuten köcheln lassen, bis der Zucker aufgelöst ist.

7 Den Kuchen aus dem Ofen nehmen, 10 Minuten in der Form abkühlen lassen, die Oberfläche einstechen und mit der Hälfte des Sirups bestreichen. Den Kuchen erneut 10 Minuten abkühlen lassen, auf ein Kuchengitter stürzen und mit dem restlichen Sirup bestreichen.

Früchtekuchen ohne Zucker

Trockenfrüchte verleihen diesem Kuchen sein besonderes Aroma.
Sie sind ausreichend süß, sodass Sie keinen zusätzlichen Zucker benötigen.

Ergibt 6–8 Stück

350 g Mehl
2 TL Backpulver
1 TL Lebkuchengewürz (siehe Tipp Seite 298), ersatzweise Piment
125 g Butter, in kleinen Stücken
75 g getrocknete Aprikosen, gehackt
75 g Datteln, gehackt
75 g kandierte Kirschen, gehackt
100 g Rosinen
125 ml Milch
2 Eier, verquirlt
abgeriebene Schale von 1 Orange
5–6 EL Orangensaft
3 EL flüssiger Honig

Variation

Wer es noch fruchtiger mag, kann den Honig durch 1 zerdrückte reife Banane ersetzen.

3

1 Eine Springform (20 cm Ø) einfetten und mit Backpapier auslegen.

2 Mehl, Backpulver und Lebkuchengewürz oder Piment in eine große Schüssel sieben.

3 Die Butter mit den Fingern in der Mehlmischung verreiben, bis ein krümeliger Teig entsteht.

4 Erst Aprikosen, Datteln, Kirschen und Rosinen, dann Milch, Eier, Orangenschale und -saft vorsichtig untermischen. Den Honig zugeben.

5 Alles zu einem weichen Teig verarbeiten, der leicht vom Löffel tropft. Diesen in die Form geben und glatt streichen.

6 Den so vorbereiteten Kuchen in einem vorgeheizten Backofen bei 180 °C 1 Stunde backen, bis ein in die Mitte gestochener Metallspieß sauber bleibt. Aus dem Ofen nehmen und vor dem Servieren auskühlen lassen.

4

5

Schokoladen-Joghurt-Kuchen

Durch die Zugabe von cremigem Joghurt wird dieser leckere Schichtkuchen ganz besonders saftig und zu einem wahren Genuss.

Ergibt 8–12 Stück

150 ml Pflanzenöl
150 g Naturjoghurt
175 g Muskovado-Zucker
3 Eier, verquirlt
100 g Weizen-Vollkornmehl
125 g Mehl
3 1/2 TL Backpulver
2 EL Kakaopulver
50 g Zartbitterschokolade, geschmolzen

FÜLLUNG UND BELAG
150 g Naturjoghurt
150 g Crème double
225 g Beerenobst, z. B. Erdbeeren oder Himbeeren

2

3

5

1 Eine Springform (24 cm Ø) leicht einfetten und mit Backpapier auslegen.

2 Öl, Joghurt, Zucker und Eier cremig rühren. Mehl, Backpulver und Kakaopulver in die Mischung sieben und gut verrühren, dann die geschmolzene Schokolade einrühren.

3 In die Springform geben und im vorgeheizten Backofen bei 180 °C 45–50 Minuten backen, bis ein in den Kuchen gestochener Metallspieß sauber bleibt. Den Kuchen 5 Minuten abkühlen lassen, dann aus der Form nehmen und auf ein Kuchengitter legen. Anschließend zwei Mal quer durchschneiden.

4 Für die Füllung Joghurt und Crème double in einer sauberen, fettfreien Schüssel steif schlagen.

5 Einen Kuchenboden auf einem Servierteller platzieren und mit einem Drittel Joghurt-Sahne-Mischung bestreichen. Mit einem Teil der Früchte belegen (größere Früchte wie Erdbeeren in Scheiben schneiden). Den Vorgang mit den beiden anderen Böden wiederholen und oben mit dem restlichen Obst garnieren.

Teufelskuchen

Dieser zart schmelzende Schokoladenkuchen mit Zitronenfüllung ist ein amerikanischer Klassiker – einfach teuflisch gut.

4

5

6

Ergibt 6–8 Stück

100 g Zartbitterschokolade
250 g Mehl
2 1/2 TL Backpulver
225 g Butter
400 g Muskovado-Zucker
5 Tropfen Vanillearoma
3 Eier
125 ml Buttermilch
225 ml heißes Wasser

kandierte Orangenschale, zum Garnieren

GLASUR
300 g feiner Zucker
2 Eiweiß
1 EL Zitronensaft
3 EL Orangensaft

1 Zwei Springformen (20 cm Ø) leicht einfetten und mit Backpapier auslegen. Die Schokolade in einem Topf schmelzen. Mehl und Backpulver zusammen in eine Schüssel sieben.

2 Butter und Zucker in einer anderen Schüssel schaumig rühren, Vanillearoma zugeben und die Eier unter ständigem Rühren nach und nach zugeben. Sollte die Mischung zu flüssig sein, etwas Mehl einrühren.

3 Die Schokolade gut unterheben, dann nach und nach die restliche Mehlmischung, die Buttermilch und das heiße Wasser einrühren.

4 Den Teig in die Backformen geben und glatt streichen. Im vorgeheizten Backofen bei 190 °C 30 Minuten backen, bis der Kuchen beim Andrücken leicht nachgibt. 5 Minuten abkühlen lassen, dann aus den Formen nehmen und auf ein Kuchengitter legen.

5 Die Zutaten für die Glasur im Wasserbad schaumig rühren, vorzugsweise mit einem elektrischen Handrührgerät. Vom Herd nehmen und weiterschlagen, bis die Mischung abgekühlt ist.

6 Die Kuchenböden mit der Glasur bestreichen und aufeinander legen, dann den Kuchen mit der restlichen Glasur überziehen. Mit dem Palettenmesser dekorative Spitzen ziehen. Mit der Orangenschale garnieren.

Familien-Schokoladenkuchen

Ein schneller Kuchen für den süßen Hunger zwischendurch. Bei der Garnierung sind Ihrer Fantasie keine Grenzen gesetzt.

2

3

Ergibt 6–8 Stück

125 g Margarine
125 g feiner Zucker
2 Eier
1 EL heller Zuckerrübensirup
125 g Mehl, gesiebt
1 1/4 TL Backpulver
2 EL Kakaopulver, gesiebt

FÜLLUNG UND BELAG
50 g Puderzucker, gesiebt
25 g Butter
100 g weiße oder Vollmilchkuvertüre
etwas helle oder dunkle Schokolade, geschmolzen (nach Belieben)

4

Tipp

Dieser Kuchen sollte schnell verzehrt werden, da er sich nicht besonders gut hält.

1 2 Springformen (18 cm Ø) leicht einfetten und mit Backpapier auslegen.

2 Die Zutaten für den Kuchen mit einem Holzlöffel oder einem Handrührgerät zu einem glatten Teig verrühren.

3 Den Teig auf die beiden Springformen verteilen und glatt streichen. Im vorgeheizten Backofen bei 190 °C 20 Minuten backen, bis der Kuchen beim Andrücken leicht nachgibt. 5 Minuten abkühlen lassen, dann aus der Form nehmen und auf ein Kuchengitter legen.

4 Für die Füllung Puderzucker und Butter zu einer weichen, schaumigen Masse rühren. Die Kuvertüre schmelzen und die Hälfte davon mit der Zuckermasse verrühren. Einen Kuchen damit bestreichen und den anderen darauf legen.

5 Den Kuchen mit der restlichen Kuvertüre überziehen. Nach Belieben mit geschmolzener Schokolade in einer anderen Farbe beträufeln und mit einem Cocktailspieß ein Marmordekor einziehen. Abgekühlt servieren.

Himbeer-Pavlova

Eine Pavlova – auch Vacherin genannt – ist eine Baisertorte mit Sahne und Früchten. Leicht, delikat und dekorativ für besondere Anlässe.

Ergibt 8–12 Stück

3 Eiweiß
175 g feiner Zucker
1 EL Speisestärke
25 g Zartbitterschokolade,
fein gerieben

etwas geschmolzene Schokolade,
zum Garnieren

FÜLLUNG
175 g Zartbitterschokolade
450 g Crème double, geschlagen
350 g frische Himbeeren

1 3 Rechtecke (10 cm x 25 cm) aus Backpapier ausschneiden und auf 2 Backblechen platzieren.

2 Das Eiweiß in einer Schüssel so lange schlagen, bis der Eischnee steife Spitzen bildet. Dann nach und nach die Hälfte des Zuckers zugeben und weiterrühren, bis die Mischung sehr steif und glänzend ist.

3 Den restlichen Zucker, die Speisestärke und die geriebene Schokolade vorsichtig unterheben.

1

4

6

4 Die Baisermischung in einen Spritzbeutel (Lochtülle 10 mm) geben und dicht an dicht gerade Stäbchen auf die Papierrechtecke setzen.

5 Im vorgeheizten Backofen bei 140 °C 90 Minuten backen, dabei einmal die Position der Backbleche wechseln. Die Baisers bei geschlossener Tür im Backofen abkühlen lassen, dann vorsichtig das Backpapier abziehen.

6 Für die Füllung die Schokolade schmelzen und 2 der 3 Baiserböden damit bestreichen. Abkühlen lassen.

7 Einen der beiden Baiserböden auf eine Servierplatte legen, mit Crème double bestreichen und Himbeeren darüber verteilen. Den zweiten Boden auflegen und den Vorgang einmal wiederholen.

8 Den dritten Boden (ohne Schokolade) auflegen und mit dem Rest der Crème double und der Himbeeren garnieren. Mit etwas geschmolzener Schokolade besprenkeln und sofort servieren.

Aprikosenschnitten mit Schokolade

Durch die weiße Schokolade wird dieser Kuchen sehr gehaltvoll. Schneiden Sie ihn zum Servieren daher in kleine Stücke.

Ergibt 10–15 Stück

- 125 g Butter
- 175 g weiße Schokolade, gehackt
- 4 Eier
- 125 g feiner Zucker
- 200 g Mehl, gesiebt
- 1 TL Backpulver
- 1 Prise Salz
- 100 g getrocknete Aprikosen, gehackt

Variation

Statt weißer Schokolade können Sie auch Vollmilch- oder Zartbitterschokolade verwenden.

2

3

4

1 Eine quadratische Backform (20 cm Seitenlänge) einfetten und mit Backpapier auslegen.

2 Butter und Schokolade im heißen Wasserbad zerlassen. Die Mischung dabei gelegentlich mit einem Holzlöffel umrühren, bis sie glatt ist und glänzt. Dann vom Herd nehmen und etwas abkühlen lassen.

3 Eier und Zucker zugeben und gut mit der Schokoladenmischung verquirlen.

4 Mehl, Backpulver, Salz und Aprikosen behutsam unterrühren.

5 Den fertigen Teig in die vorbereitete Backform geben und in einem vorgeheizten Backofen bei 180 °C 25–30 Minuten backen.

6 Der Teig ist in der Mitte möglicherweise noch nicht ganz fest, er wird sich beim Abkühlen in der Form aber noch setzen.

7 Den ausgekühlten Kuchen aus der Form nehmen und in quadratische Stücke schneiden.

Schokoladen-Baumstamm

Dieser Kuchen ist besonders bei Kindern beliebt, und das nicht nur, weil er aufgeschnitten so originell aussieht.

Ergibt 12–16 Stück

125 g Margarine
125 g feiner Zucker
2 Eier
100 g Mehl
1 TL Backpulver
25 g Kakaopulver
2 EL Milch

Schokoladenspäne (siehe Seite 50), zum Garnieren

SCHOKOLADENCREME
75 g weiße Schokolade
2 EL Milch
150 g Butter
125 g Puderzucker
2 EL Orangenlikör, z. B. Grand Marnier

1

3

5

1 2 leere Konservenbehälter (Blechdosen) à 400 g leicht einfetten und mit Backpapier auskleiden.

2 Margarine und Zucker zu einer hellen, schaumigen Masse verquirlen. Die Eier unter ständigem Rühren nach und nach zugeben. Mehl, Backpulver und Kakaopulver über die Masse sieben und unterheben, dann die Milch einrühren.

3 Die Teigmischung auf die 2 Dosen verteilen, diese auf ein Backblech stellen und im vorgeheizten Backofen bei 180 °C 40 Minuten backen, bis der Kuchen beim Andrücken leicht nachgibt. 5 Minuten abkühlen lassen, dann auf ein Kuchengitter stürzen.

4 Für die Schokoladencreme die Schokolade unter ständigem Rühren mit der Milch in einem Topf erwärmen, bis sie geschmolzen ist. Abkühlen lassen. Butter und Puderzucker schaumig rühren, den Orangenlikör zugießen und nach und nach die Schokoladenmischung einrühren.

5 Die beiden Kuchenrollen in 1 cm dicke Scheiben schneiden und mit der Schokoladencreme wieder zusammensetzen.

6 Auf einer Servierplatte anrichten, mit der restlichen Creme überziehen und mit den Schokoladenspänen garnieren. Dann diagonal in Scheiben schneiden und servieren.

Schokoladen-Vanille-Kuchen

Ein Klassiker unter den Rührkuchen. Luftdicht verschlossen oder in Frischhaltefolie gewickelt und kühl aufbewahrt, hält sich der Kuchen gut frisch.

4

5

Tipp

Der Kuchen hält sich bis zu 2 Monaten im Gefrierfach. Bei Zimmertemperatur auftauen lassen.

Ergibt 10–12 Stück

175 g feiner Zucker
175 g weiche Margarine
3 Tropfen Vanillearoma
3 Eier
225 g Mehl, gesiebt
2 1/4 TL Backpulver
50 g Zartbitterschokolade

Puderzucker, zum Bestäuben

Variation

Wenn Sie möchten, können Sie mit einem Spieß einen Marmoreffekt einziehen.

1 Eine kleine Kastenform leicht einfetten.

2 Zucker und weiche Margarine in einer Schüssel verrühren.

3 Das Vanillearoma zufügen. Nach und nach die Eier zugeben und jeweils gut verquirlen. Mehl und Backpulver sorgfältig unterrühren.

4 Die Mischung halbieren. Die Zartbitterschokolade schmelzen und sorgfältig unter die eine Hälfte rühren.

5 Den hellen Teig in die Form füllen und die Oberfläche glatt streichen. Die Schokoladenmischung darüber schichten.

6 Im vorgeheizten Backofen bei 190 °C etwa 30 Minuten backen, bis der Kuchen beim Andrücken leicht nachgibt.

8

7 5 Minuten in der Form stehen lassen, dann auf einem Kuchengitter abkühlen lassen.

8 Den Kuchen mit Puderzucker bestäuben und servieren.

Bûche de Noël

Dies ist der traditionelle französische Weihnachtskuchen: Eine Biskuitroulade, gefüllt und überzogen mit köstlich leckerer Zartbitterschokolade.

1

2

2

Ergibt 18–20 Stück

4 Eier
100 g feiner Zucker
75 g Mehl
1 TL Backpulver
2 EL Kakaopulver

FÜLLUNG
150 g Zartbitterschokolade
2 Eigelb
150 ml Milch
125 g Butter
50 g Puderzucker
2 EL Rum (nach Belieben)

GARNIERUNG
etwas weiße Zuckerglasur
Puderzucker, zum Bestäuben
weihnachtliche Dekoration

1 Ein Backblech (30 cm x 23 cm) leicht einfetten und mit Backpapier auslegen. Eier und Zucker so lange rühren, bis die Masse sehr schaumig ist und steife Spitzen bildet. Mehl, Backpulver und Kakaopulver darüber sieben und einrühren. Den Teig auf das Backblech geben und im vorgeheizten Backofen bei 200 °C 12 Minuten backen. Den Boden auf mit Zucker bestreutes Backpapier stürzen. Das warme Backpapier abziehen und die Kuchenkanten gerade schneiden. Von der kurzen Seite her mit dem Backpapier einrollen. Auf einem Kuchengitter vollständig auskühlen lassen.

2 Für die Füllung die Schokolade in Stücke brechen und im Wasserbad schmelzen. Eigelb und Milch zugeben und unter Rühren erhitzen, bis die Mischung so dick ist, dass sie an einem Löffel haften bleibt. Mit Backpapier abdecken und abkühlen lassen. Butter und Zucker schaumig rühren. Eventuell den Rum, dann die Schokoladenmasse einrühren. Den Kuchen auseinander rollen, mit einem Drittel der Füllung bestreichen und erneut aufrollen. Die restliche Creme über den Kuchen streichen und mit einer Gabel ein Rindenmuster einziehen. Mit der weißen Glasur die „Jahresringe" aufspritzen. Mit Puderzucker bestäuben und weihnachtlich dekorieren.

Apfelkuchen mit Cidre

Diesen Kuchen können Sie zu Kaffee oder Tee servieren, aber auch als warmes Dessert mit Sahne. Wärmen Sie den Kuchen dazu nochmals auf.

Ergibt 6–8 Stück

225 g Mehl
3 TL Backpulver
75 g Butter, in kleinen Stücken
75 g feiner Zucker
50 g getrocknete Apfelscheiben, gehackt
75 g Rosinen
150 ml süßer Cidre
1 Ei, verquirlt
175 g Himbeeren

feiner Zucker, zum Bestreuen

Variation

Sie können den Cidre durch klaren Apfelsaft ersetzen.

3

4

4

1 Eine Springform (20 cm Ø) einfetten und mit Backpapier auslegen.

2 Mehl und Backpulver in eine Schüssel sieben. Die Butter mit den Fingern in der Mehlmischung verreiben, bis ein krümeliger Teig entsteht.

3 Zucker, Apfelstückchen und Rosinen zugeben und gut unterrühren.

4 Cidre und Eier zugießen und alles zu einem weichen Teig verarbeiten. Dann vorsichtig die Himbeeren untermischen, ohne sie zu zerquetschen.

5 Den fertigen Teig in die vorbereitete Form geben.

6 Den Teig in einem vorgeheizten Backofen bei 190 °C 40 Minuten leicht goldbraun backen.

7 In der Form etwas abkühlen lassen, dann auf ein Kuchengitter legen und vor dem Servieren vollständig auskühlen lassen.

Apfelküsse

Dieses amerikanische Dessert wird aus frisch gebackenen Plätzchen zubereitet. Die Plätzchen werden aufgeschnitten und mit einer Apfel-Sahne-Creme gefüllt.

3

3

6

Ergibt 18–20 Stück

150 g Mehl
1/2 TL Salz
1 TL Backpulver
1 EL feiner Zucker
25 g Butter, in kleinen Stücken
50 ml Milch

Puderzucker, zum Bestäuben

FÜLLUNG
3 Äpfel, geschält, entkernt und in Scheiben geschnitten
100 g feiner Zucker
1 EL Zitronensaft
1 TL gemahlener Zimt
300 ml Wasser
150 g Crème double, leicht geschlagen

1 Ein Backblech leicht einfetten.

2 Mehl, Salz, Backpulver und Zucker in eine Schüssel geben. Die Butter mit den Fingern in dieser Mischung verreiben, bis ein krümeliger Teig entsteht.

3 Die Milch zugeben und alles zu einem glatten Teig verarbeiten. Den Teig kurz durchkneten und 1 cm dick ausrollen. Dann 4 Teigkreise (5 cm Ø) daraus ausstechen.

4 Auf das vorbereitete Backblech legen und in einem vorgeheizten Backofen bei 220 °C etwa 15 Minuten backen, bis die Plätzchen aufgegangen und leicht gebräunt sind. Anschließend abkühlen lassen.

5 Für die Füllung Apfelscheiben, Zucker, Zitronensaft und Zimt in einen Topf geben.

6 Wasser zufügen, die Mischung zum Kochen bringen und ohne Deckel 5–10 Minuten köcheln lassen, bis die Äpfel weich sind. Anschließend etwas abkühlen lassen, dann die Äpfel aus dem Topf nehmen.

7 Die Plätzchen halbieren. Die unteren Hälften mit je einem Viertel Apfelscheiben und Crème double belegen. Die andere Hälfte darüber legen und mit Puderzucker bestäuben.

Schoko-Kokos-Rolle

Der Himbeer-Coulis bildet einen interessanten Kontrast zu dieser leichten mit einer leckeren Schokoladencreme überzogenen Biskuitrolle.

Ergibt 18–20 Stück

3 Eier
75 g feiner Zucker,
plus etwas mehr zum Bestreuen
50 g Mehl
1/2 TL Backpulver
1 EL Kokoscreme,
mit 1 EL Wasser verrührt
25 g Kokosraspel
6 EL Himbeermarmelade

GLASUR
200 g Zartbitterschokolade
60 g Butter
2 EL heller Zuckerrübensirup

HIMBEER-COULIS
225 g Himbeeren,
Tiefkühlware aufgetaut
2 EL Wasser
4 EL Puderzucker

1 Ein Backblech (23 cm x 30 cm) leicht einfetten und mit Backpapier auslegen. Eier und Zucker in einer großen Schüssel so lange rühren, bis die Mischung steife Spitzen bildet.

2 Mehl und Backpulver auf die Mischung sieben und mit einem Löffel unterrühren. Kokoscreme und Kokosraspel einrühren. Den Teig auf das Backblech geben und im vorgeheizten Backofen bei 200 °C 10–12 Minuten backen, bis der Boden beim Andrücken leicht nachgibt.

2

3

3 Backpapier mit Zucker bestreuen und auf ein feuchtes Geschirrtuch legen. Den Kuchen darauf stürzen und das obere Backpapier vorsichtig abziehen. Den Kuchen mit der Marmelade bestreichen und mithilfe des Geschirrtuchs von der kurzen Seite her einrollen. Auf einem Kuchengitter vollständig auskühlen lassen.

4 Für die Glasur Schokolade und Butter unter Rühren schmelzen. Den Sirup einrühren und 5 Minuten abkühlen lassen. Die Schoko-Kokos-Rolle damit bestreichen und fest werden lassen. Für den Himbeer-Coulis die Früchte mit Wasser und Zucker pürieren und durch ein Sieb streichen. Die Rolle in Scheiben schneiden und mit dem Coulis servieren.

3

Schokoladenrolle

Keine Sorge, wenn der Kuchen beim Aufrollen leicht einreißt – das ist ganz normal. Bleibt er heil, sind Sie wahrhaftig ein Meisterkonditor.

4

5

5

Ergibt 6–8 Stück

150 g Zartbitterschokolade
2 EL Wasser
6 Eier
175 g feiner Zucker
25 g Mehl
1 EL Kakaopulver

FÜLLUNG
300 g Crème double
75 g Erdbeeren, in Scheiben geschnitten

GARNIERUNG
Puderzucker
Schokoladenblätter (siehe Schritt 5)

1 Ein Rechteck (38 cm x 25 cm) aus Backpapier zuschneiden und auf ein Backblech legen. Schokolade und Wasser unter ständigem Rühren schmelzen und leicht abkühlen lassen.

2 Eier und Zucker so lange kräftig verquirlen, bis die Eimasse steife Spitzen bildet. Nach und nach die Schokolade einrühren. Mehl und Kakaopulver darüber sieben und unterheben. Den Teig auf das Backpapier gießen und glatt streichen.

3 Im vorgeheizten Backofen bei 200 °C 12 Minuten backen. Einen Bogen Backpapier mit Puderzucker bestäuben, den Biskuitboden darauf stürzen und das Backpapier davon abziehen. Den Boden samt Papier zu einer Rolle formen und mit einem feuchten Küchenhandtuch bedeckt auf einem Kuchengitter abkühlen lassen.

4 Crème double steif schlagen. Die Kuchenrolle vorsichtig aufrollen und die Erdbeeren darüber verteilen. Drei Viertel der Crème double darüber streichen und wieder aufrollen (ohne Backpapier). Auf einer Servierplatte anrichten, mit Puderzucker bestäuben und mit der restlichen Crème double und den Schokoladenblättern garnieren.

5 Für die Schokoladenblätter Efeu- oder Stechpalmenblätter waschen, trockentupfen und mit flüssiger Schokolade bestreichen. Trocknen lassen, den Vorgang zwei- bis drei Mal wiederholen und die Blätter anschließend vorsichtig abziehen.

Kleines ganz groß: Kekse und Kleingebäck als wunderbare Verführung, mit denen Sie jeden Tag zu einem besonderen Tag machen können. Schnell und problemlos zubereitet – selten wird mehr Zeit benötigt – werden Gebäck, Brötchen oder Tartes zum Kaffee, als Imbiss zwischendurch oder auch als Dessert gereicht. Die Vorschläge für die Garnierung lassen sich leicht umsetzen und fantasievoll ausgestalten. Dieses Kapitel enthält bewährte und beliebte sowie neue Backideen, alles besondere Leckerbissen für Schokoladenfreunde. Zu guter Letzt finden Sie einige traditionelle Rezepte, die mit Schokolade verfeinert werden. Das ist Verführung pur und Widerstand zwecklos! Probieren Sie es einfach aus.

Klein-gebäck

Schmetterling-Muffins

Mit fruchtiger Zitronencreme gefüllt, sind diese Kuchen zunächst eine Augenweide und dann eine Gaumenfreude für Groß und Klein.

Ergibt 12 Stück

125 g weiche Margarine
125 g feiner Zucker
150 g Mehl
1 1/2 TL Backpulver
2 große Eier
2 EL Kakaopulver
25 g Zartbitterschokolade, geschmolzen

Puderzucker, zum Bestäuben

ZITRONEN-BUTTERCREME
100 g weiche Butter
225 g Puderzucker, gesiebt
abgeriebene Schale von 1/2 Zitrone
1 EL Zitronensaft

Variation

Für eine Schokoladencreme Butter und Puderzucker verrühren und 25 g geschmolzene Schokolade statt Zitronensaft und -schale zugeben.

1

2

1 Die Vertiefungen einer Muffin-Form mit Papierkapseln auslegen. Alle Zutaten bis auf die geschmolzene Schokolade in einer großen Schüssel mit einem Handrührgerät zu einem weichen Teig verquirlen. Dann die Schokolade sorgfältig unterrühren.

2 Den Teig in die Papierkapseln füllen, bis sie zu zwei Dritteln gefüllt sind. Im vorgeheizten Backofen bei 180 °C 15 Minuten backen, bis die Muffins beim Andrücken leicht nachgeben. Auf einem Kuchengitter abkühlen lassen.

3 Für die Zitronen-Buttercreme die Butter schaumig rühren. Nach und nach den Puderzucker einarbeiten. Zitronenschale und -saft zufügen und gut verrühren.

4

4 Von den kalten Muffins oben einen Deckel abschneiden und diesen halbieren.

5 Die Buttercreme auf die Muffins aufspritzen und die beiden Deckelhälften in Form von Flügeln auflegen. Mit Puderzucker bestäuben.

Kalte Schokoladenecken

Diese Leckereien kann man gut mit Kindern zusammen zubereiten – sie halten sich außerdem eine ganze Weile im Kühlschrank.

1

2

4

Ergibt etwa 16 Stück

275 g Zartbitterschokolade
175 g Butter
4 EL heller Zuckerrübensirup
2 EL Rum (nach Belieben)
175 g Butterkekse
25 g Puffreis
50 g gehackte Nüsse, z. B. Walnüsse oder Pekannüsse
100 g Belegkirschen, grob gehackt

25 g weiße Schokolade, zum Garnieren

1 Schokolade, Butter, Sirup und gegebenenfalls Rum unter ständigem Rühren im Wasserbad erhitzen, bis sich die Zutaten gut verbunden haben.

2 Die Kekse in kleine Stücke brechen und mit Puffreis, Nüssen und Belegkirschen in die Mischung einrühren.

3 Eine quadratische Backform (18 cm x 18 cm) mit Backpapier auslegen. Die Mischung hineingeben, glatt streichen und mit einem Löffel gut andrücken. Für 2 Stunden in den Kühlschrank stellen.

4 Für die Garnierung die weiße Schokolade schmelzen und kreuz und quer über den fest gewordenen Kuchen träufeln. Zum Servieren aus der Form heben und mit einem scharfen Messer in Quadrate schneiden.

Variation

Für Kokos-Quadrate ersetzen Sie den Puffreis durch Kokosflocken und nehmen 2 Esslöffel Kokoslikör.

Variation

Verwenden Sie statt des Rums einmal Orangenlikör oder Cognac. Auch Kirschwasser passt sehr gut in dieses Rezept.

Zimtschnitten

Die Zimtschnitten sind sehr saftig und haben ein unwiderstehliches Aroma.

Ergibt 12 Stück

250 g weiche Butter
250 g feiner Zucker
3 Eier, verquirlt
250 g Mehl
2 1/2 TL Backpulver
1/2 TL Natron
1 EL gemahlener Zimt
150 g saure Sahne
100 g Sonnenblumenkerne

1 Eine quadratische Backform (23 cm x 23 cm) einfetten und mit Backpapier auslegen.

2 Butter und Zucker in einer großen Schüssel schaumig rühren.

3 Nach und nach die Eier zugeben und jeweils gut mit der Buttermischung verquirlen.

4 Mehl, Backpulver, Natron und Zimt in die Butter-Ei-Mischung sieben und mit einem Löffel vorsichtig unterheben.

5 Saure Sahne und Sonnenblumenkerne zufügen und ebenfalls gut unterrühren.

6 Den Teig in die vorbereitete Form geben und mit einem Löffel glatt streichen.

7 Den Teig in einem vorgeheizten Backofen bei 180 °C 45 Minuten backen, bis er fest geworden ist.

8 Die Teigränder mit einem stumpfen Messer von der Form lösen und den Teig auf einem Kuchengitter auskühlen lassen. Vor dem Servieren in 12 Stücke schneiden.

3

4

5

Tipp

Die feuchten Schnitten lassen sich gut einfrieren und sind dann etwa 1 Monat haltbar.

Meringen

Diese Gebäck ist – wie Meringen sein sollten – leicht und knusprig.

2

4

Ergibt 13 Stück

4 Eiweiß
1 Prise Salz
125 g Kristallzucker
125 g feiner Zucker
300 g Crème double, leicht geschlagen

5

Variation

Die Meringen werden zarter, wenn man nur feinen Zucker verwendet.

1 3 Backbleche mit Backpapier auslegen.

2 Das Eiweiß salzen und in einer großen, fettfreien Schüssel steif schlagen – man muss die Schüssel auf den Kopf drehen können, ohne dass sich das Eiweiß bewegt.

3 Nach und nach den Kristallzucker in den Eischnee rühren, bis dieser leicht glänzt.

4 Dann nach und nach den feinen Zucker einstreuen. Die Masse so lange rühren, bis der gesamte Zucker verarbeitet ist und der Eischnee steife Spitzen bildet.

5 Die Eischneemasse in einen Spritzbeutel (Sterntülle von 2 cm) füllen und 26 Häufchen auf die vorbereiteten Backbleche spritzen.

6 Die Plätzchen in einem vorgeheizten Backofen bei 120 °C 60–90 Minuten backen, bis sie leicht goldgelb sind und sich gut vom Papier lösen. Über Nacht im ausgeschalteten Backofen auskühlen lassen.

7 Kurz vor dem Servieren jeweils zwei der fertigen Meringen mit einem Löffel Crème double in der Mitte zusammendrücken und auf einem Servierteller anrichten.

Millionärsschnitten

Durch diese Schnitten werden Sie nicht reich, aber Sie könnten beim Genuss des Gebäcks der Illusion erliegen, Sie seien sehr wohlhabend.

Ergibt etwa 12 Stück

175 g Mehl
125 g Butter, in kleinen Stücken
50 g brauner Zucker

BELAG
50 g Butter
50 g brauner Zucker
400 g Kondensmilch
150 g Vollmilchschokolade

1 Eine quadratische Backform (23 cm x 23 cm) einfetten.

2 Das Mehl in eine Schüssel sieben. Die Butter mit den Fingern darin verreiben, bis ein krümeliger Teig entsteht. Den Zucker zufügen und alles zu einem glatten Teig verarbeiten.

3 Den Teig in die Form geben und mit einer Gabel einstechen.

Tipp

Die Karamellschicht sollte vollständig ausgekühlt sein, bevor die Schokolade auf ihr verteilt wird, sonst vermischen sie sich.

2

4 In einem vorgeheizten Backofen bei 190 °C 20 Minuten goldbraun backen. Dann in der Form abkühlen lassen.

5 Für den Belag Butter, Zucker und Kondensmilch in einer beschichteten Pfanne bei schwacher Hitze unter Rühren erhitzen, bis die Mischung kocht.

6 Die Hitze reduzieren und die Mischung noch 5 Minuten kochen, bis der Karamell hellbraun und dickflüssig geworden ist und sich vom Pfannenrand löst. Dann auf dem Mürbeteigboden verteilen und abkühlen lassen.

7 Wenn der Karamell fest geworden ist, die Schokolade im Wasserbad schmelzen und über dem Karamell verteilen. Das Gebäck erneut abkühlen lassen und vor dem Servieren in Quadrate oder Rechtecke schneiden.

3

6

Brownies „mit Biss“

Verwenden Sie für diese Brownies eine gute Schokolade, damit sie nicht nur süß schmecken, sondern auch das charakteristische Schokoladenaroma erhalten.

4

4

4

Ergibt 12 Stück

150 g Zartbitterschokolade, grob gehackt
225 g weiche Butter
225 g Mehl
2 TL Backpulver
125 g feiner Zucker
4 Eier, verquirlt
75 g Pistazien, gehackt
100 g weiße Schokolade, grob gehackt

Puderzucker, zum Bestäuben

1 Eine quadratische Backform (23 cm x 23 cm) leicht einfetten und mit Backpapier auslegen.

2 Zartbitterschokolade und Butter im Wasserbad zerlassen. Anschließend abkühlen lassen.

3 Mehl und Backpulver in eine Schüssel sieben und mit dem Zucker vermengen.

4 Die Eier mit der geschmolzenen Schokolade verrühren, zu der Mehlmischung gießen und gründlich verquirlen. Pistazien und weiße Schokolade unterrühren und die gesamte Mischung in die vorbereitete Form geben.

5 Den Teig in einem vorgeheizten Backofen bei 180 °C 30–35 Minuten backen. 20 Minuten in der Form abkühlen lassen, dann auf ein Kuchengitter legen.

6 Die fertigen Brownies mit Puderzucker bestäuben und in 12 Stücke schneiden.

Tipp

Die Brownies garen beim Abkühlen nach. Sie sind innen noch nicht ganz fest, wenn sie aus dem Backofen kommen.

Knusprige Puffreis-Bissen

Die leckeren Schokoladen-Puffreis-Quadrate sind bei Kindern sehr beliebt – besonders, wenn sie wie hier verschiedenfarbige Schichten haben.

3

6

Tipp

Die Puffreisquadrate halten sich, in Frischhaltefolie eingewickelt, bis zu 4 Tagen im Kühlschrank.

7

Ergibt etwa 16 Stück

HELLE SCHICHT
50 g Butter
1 EL heller Zuckerrübensirup
150 g weiße Schokolade,
in kleinen Stücken
50 g Puffreis

DUNKLE SCHICHT
50 g Butter
2 EL heller Zuckerrübensirup
125 g Zartbitterschokolade,
in kleinen Stücken
75 g Puffreis

1 Eine quadratische Backform (20 cm x 20 cm) leicht einfetten und mit Backpapier auslegen.

2 Für die helle Schicht Butter, Sirup und weiße Schokolade vorsichtig unter ständigem Rühren im Wasserbad schmelzen.

3 Vom Herd nehmen und den Puffreis zugeben, dabei gut umrühren, bis sich alles gründlich vermischt hat.

4 Die Mischung in die Backform geben, glatt streichen und fest werden lassen.

5 Für die dunkle Schicht Butter, Sirup und Schokolade im Wasserbad schmelzen.

6 Vom Herd nehmen und den Puffreis zugeben, dabei gut umrühren, bis alles gründlich vermischt ist. Über die fest gewordene helle Puffreisschicht geben und in den Kühlschrank stellen, bis die obere Schicht ebenfalls fest ist.

7 Zum Servieren aus der Form heben und mit einem scharfen Messer in Quadrate schneiden.

Schokoladenbrownies

Der amerikanische Klassiker hat hier noch zusätzlich ein Frischkäse-Innenleben und eine köstliche Schokoladen-Karamell-Glasur.

Ergibt 16 Stück

200 g fettarmer Frischkäse
2–3 Tropfen Vanillearoma
250 g feiner Zucker
2 Eier
100 g Butter
3 EL Kakaopulver
100 g Mehl, gesiebt
1 TL Backpulver
50 g Pekannüsse, gehackt

Pekannüsse, zum Garnieren

SCHOKOLADEN-KARAMELL-GLASUR
50 g Butter
1 EL Milch
100 g Puderzucker
2 EL Kakaopulver

Variation

Sie können die Frischkäseschicht auch weglassen und anstatt der Pekannüsse Walnüsse verwenden.

2

3

4

1 Eine quadratische Backform (20 cm x 20 cm) leicht einfetten und mit Backpapier auslegen.

2 Frischkäse, Vanillearoma und 25 g Zucker glatt rühren und beiseite stellen.

3 Die Eier mit dem restlichen Zucker so lange schaumig rühren, bis die Eimasse steife Spitzen bildet. Butter und Kakaopulver unter ständigem Rühren im Wasserbad erhitzen und die Mischung unter die Eimasse heben, dann Mehl, Backpulver und Nüsse zugeben und gut verrühren.

4 Die Hälfte des Teigs in die Backform geben und glatt streichen. Die Frischkäsemischung vorsichtig darauf verteilen, dann den restlichen Teig darüber geben. Im vorgeheizten Backofen bei 180 °C etwa 40–45 Minuten backen. In der Form abkühlen lassen.

5 Für die Glasur Butter und Milch erhitzen und mit Puderzucker und Kakaopulver glatt rühren. Den Kuchen mit der Glasur überziehen und nach Geschmack mit Pekannüssen garnieren. Zum Servieren in 16 kleine Quadrate schneiden.

Schokoladen-Haselnuss-Brezeln

Diese schmackhaften Brezeln gehen leicht von der Hand: beim Herstellen ebenso wie beim Verzehr. Für sehr kleine Kinder lassen Sie vorsichtshalber die Nüsse weg.

Ergibt etwa 26 Stück

375 g Blätterteig (Fertigprodukt), frisch oder Tiefkühlware aufgetaut
8 EL Nuss-Nougat-Creme
50 g Haselnüsse, geröstet und gehackt
25 g feiner Zucker

Variation

Noch schokoladiger wird es, wenn Sie die Brezeln zur Hälfte mit geschmolzener Schokolade überziehen.

Tipp

Die Brezeln können kalt serviert werden, schmecken aber auch warm köstlich.

Tipp

Die Brezeln halten sich tiefgefroren bis zu 3 Monaten.

2

3

3

1 Ein Backblech mit Backpapier auslegen. Den Blätterteig auf einer leicht mit Mehl bestäubten Arbeitsfläche zu einem Rechteck (38 cm x 23 cm) ausrollen.

2 Die Nuss-Nougat-Creme über den Teig streichen und mit den Haselnüssen bestreuen.

3 Den Teig von einer langen Seite her bis zur Mitte aufrollen, mit der anderen Seite ebenso verfahren. Die aufgerollten Seiten in der Mitte mit etwas Wasser befeuchten, um sie zu verbinden. Mit einem scharfen Messer in dünne Scheiben schneiden. Die Scheiben auf das Backblech geben und mit einem Messer leicht flach drücken. Großzügig mit Zucker bestreuen.

4 Im vorgeheizten Backofen bei 220 °C 10–15 Minuten goldbraun backen. Auf einem Kuchengitter abkühlen lassen.

Schwarz-weiße Schokoladen-Muffins

Ein Klassiker im neuen Gewand! Diese leckeren kleinen Muffins sind bei Groß und Klein gleichermaßen beliebt.

Ergibt 18 Stück

100 g weiche Butter
100 g feiner Zucker
2 Eier, leicht verquirlt
2 EL Milch
50 g Zartbitter-Schokoladenraspel
150 g Mehl
1 1/2 TL Backpulver
25 g Kakaopulver

BELAG
225 g weiße Schokolade
150 g fettarmer Frischkäse

Variation

Nach Geschmack können Sie statt der dunklen Schokoraspeln weiße nehmen oder gehackte Pekannüsse unter den Teig mischen. Sie können auch die abgeriebene Schale einer Orange zufügen.

2

2

3

1 Die Vertiefungen einer Muffin-Form mit Papierkapseln auslegen.

2 Butter und Zucker schaumig rühren. Nach und nach unter Rühren die Eier zufügen. Falls die Mischung gerinnt, etwas Mehl zugeben. Die Milch zugießen, dann die Schokoraspel unterrühren.

3 Mehl, Back- und Kakaopulver in die Schüssel sieben und unterrühren. Den Teig in die Papierkapseln füllen und glatt streichen.

4 Im vorgeheizten Backofen bei 180 °C 20 Minuten backen, bis die Muffins aufgegangen sind. Auf einem Kuchengitter abkühlen lassen.

5 Für den Belag die Schokolade schmelzen und etwas abkühlen lassen. Den Frischkäse cremig rühren, dann die Schokolade unterheben. Etwas Creme über jeden Muffin geben und für 1 Stunde kalt stellen.

Brownies

Alle lieben Brownies! Bei diesem raffinierten Schokoladengebäck ist Widerstand zwecklos!

2

Ergibt etwa 9 Stück

100 g Butter
175 g feiner Zucker
75 g brauner Zucker
125 g Zartbitterschokolade
1 EL heller Zuckerrübensirup
2 Eier
5 Tropfen Vanillearoma
100 g Mehl
2 EL Kakaopulver
1/2 TL Backpulver

4

1 Eine quadratische Backform (20 cm x 20 cm) leicht einfetten und mit Backpapier auslegen.

2 Butter, Zucker, Zartbitterschokolade und Sirup in einen Topf geben und vorsichtig erwärmen, dabei rühren, bis eine weiche Masse entsteht. Vom Herd nehmen und abkühlen lassen.

3 Eier und Vanillearoma verrühren und die abgekühlte Schokoladenmischung unterheben.

4 Kakao- und Backpulver in die Schüssel sieben und sorgfältig unterrühren.

5 Den Teig in die Backform füllen und im vorgeheizten Backofen bei 180 °C 25 Minuten backen, bis die Oberfläche knusprig ist und der Kuchen sich an den Seiten von der Form löst. Innen sollte er noch feucht sein.

6 In der Form vollständig auskühlen lassen, in Quadrate schneiden und servieren.

Tipp

Die Brownies halten sich tiefgefroren bis zu 2 Monaten. Bei Zimmertemperatur oder über Nacht im Kühlschrank auftauen lassen.

Schokoladen-Kokos-Schnitten

Eine schmackhafte Kokosnussschicht auf knusprigem Schokoladenboden macht die quadratischen Schnitten zu einem Genuss.

1

3

5

Ergibt etwa 9 Stück

225 g Vollkorn-Schokoladenkekse
75 g Butter oder Margarine
170 ml Kondensmilch
1 Ei, verquirlt
5 Tropfen Vanillearoma
25 g feiner Zucker
50 g Mehl, gesiebt
1/2 TL Backpulver
125 g Kokosraspel

50 g Zartbitterschokolade (nach Belieben), zum Garnieren

1 Eine quadratische Backform (20 cm x 20 cm) einfetten und mit Backpapier auslegen.

2 Die Kekse in einem Gefrierbeutel mit einem Nudelholz oder in einer Küchenmaschine zerkleinern.

3 Butter oder Margarine zerlassen, die Kekskrümel zugeben und gut verrühren.

4 Die Mischung in die Backform füllen und fest andrücken.

5 Kondensmilch, Ei, Vanillearoma und Zucker zu einer glatten Masse verrühren. Mehl, Backpulver und Kokosraspel unterrühren. Über die Keksmischung geben und glatt streichen.

6 Im vorgeheizten Backofen bei 190 °C 30 Minuten backen, bis der Kokosbelag fest und goldbraun ist.

7 Fünf Minuten stehen lassen, dann in Quadrate schneiden. In der Form abkühlen lassen.

8 Die Quadrate vorsichtig aus der Form nehmen und auf einer Kuchenplatte anrichten. Die Zartbitterschokolade (falls verwendet) schmelzen und über die Kokosschnitten sprenkeln. Vor dem Servieren fest werden lassen.

Tipp

Luftdicht verschlossen halten sich die Schnitten bis zu 4 Tagen. Sie können bis zu 2 Monaten tiefgefroren werden. Bei Zimmertemperatur auftauen lassen.

Schoko-Karamell-Quadrate

Bei diesem leckeren Kuchen mit köstlicher Karamellfüllung und verführerischem Schokoladenüberzug kann man einfach nicht Nein sagen.

1

2

4

Ergibt etwa 16 Stück

100 g weiche Margarine
50 g Muskovado-Zucker
125 g Mehl
40 g Haferflocken

KARAMELLFÜLLUNG
25 g Butter
25 g Muskovado-Zucker
200 ml Kondensmilch

BELAG
100 g Zartbitterschokolade
25 g weiße Schokolade (nach Belieben)

1 Margarine und Zucker schaumig rühren, dann Mehl und Haferflocken einrühren. Den Teig, wenn nötig, mit den Händen verkneten.

2 Den Teig in eine quadratische Backform (20 cm x 20 cm) geben.

3 Im vorgeheizten Backofen bei 180 °C 25 Minuten goldgelb backen. In der Form abkühlen lassen.

4 Für die Karamell-Füllung die Zutaten unter ständigem Rühren in einem Topf erhitzen, bis eine glatte Masse entsteht. Bei schwacher Hitze langsam aufkochen und 3–4 Minuten köcheln, dabei weiterrühren, bis die Mischung eingedickt ist.

5 Den Karamell über den Keksboden gießen und fest werden lassen.

6 Die Zartbitterschokolade schmelzen und über den fest gewordenen Karamell gießen. Nach Geschmack geschmolzene weiße Schokolade darüber träufeln und mit einem Holzspieß dekorative Linien ziehen. Gut fest werden lassen und zum Servieren in Quadrate schneiden.

Tipp

Wenn Sie die Backform mit Backpapier auslegen, können Sie den Keksboden vor dem Zerschneiden im Ganzen herausheben.

Aprikosenschnitten

Diese gesunden Schnitten sind auch für Veganer geeignet.
Sie sind ideal zum Mitnehmen für unterwegs.

1

2

3

Ergibt 12 Stück

225 g Weizen-Vollkornmehl
50 g gemischte Nüsse, fein gemahlen
100 g Pflanzenmargarine,
in kleinen Stücken
4 EL Wasser

Sojamilch, zum Glasieren

FÜLLUNG
225 g getrocknete Aprikosen
abgeriebene Schale von 1 Orange
300 ml Apfelsaft
1 TL gemahlener Zimt
50 g Rosinen

1 Eine quadratische Backform (23 cm x 23 cm) leicht einfetten. Für den Teig Mehl und Nüsse in eine große Schüssel geben. Die Margarine mit den Fingern in dieser Mischung verreiben, bis ein krümeliger Teig entsteht. Das Wasser zugeben und alles zu einem glatten Teig verarbeiten. Den Teig für 30 Minuten in den Kühlschrank stellen.

2 Für die Füllung Aprikosen, Orangenschale und Apfelsaft in einem Topf zum Kochen bringen. 30 Minuten köcheln lassen, bis die Aprikosen weich sind. Etwas abkühlen lassen, pürieren und dann Zimt sowie Rosinen einrühren.

3 Den Teig halbieren. Eine Hälfte ausrollen und in die Backform legen. Das Aprikosenpüree darauf verteilen und die Teigränder mit Wasser bestreichen. Den übrigen Teig ebenfalls ausrollen, die Masse damit abdecken und die Ränder zusammendrücken.

4 Die Teigdecke mit einer Gabel einstechen und mit Sojamilch bestreichen. Den Kuchen in einem vorgeheizten Backofen bei 200 °C 20–25 Minuten goldbraun backen. Den Kuchen etwas abkühlen lassen und in 12 Schnitten schneiden.

Tipp

Die Schnitten können Sie in einem luftdicht verschlossenen Behälter 2 bis 3 Tage aufbewahren.

Rosaninos

Frisch aus dem Ofen schmecken diese Plätzchen mit Rosinen und kandierten Kirschen am besten.

Ergibt 8 Stück

200 g Mehl
2 TL Backpulver
100 g Butter, in kleinen Stücken
75 g Demerara-Zucker
100 g Rosinen
25 g kandierte Kirschen, fein gehackt
1 Ei, verquirlt
2 EL Milch

1 Ein Backblech leicht einfetten.

2 Mehl und Backpulver in eine Schüssel sieben. Die Butter mit den Fingern darin verreiben, bis ein krümeliger Teig entsteht.

2

3

3 Zucker, Rosinen und Kirschen zugeben.

4 Ei und Milch zufügen und alles zu einem weichen Teig verarbeiten.

5 Mit einem Löffel 8 Häufchen aus dem Teig formen und auf das vorbereitete Backblech geben, dabei genügend Abstand zwischen den Häufchen lassen, da sie beim Backen noch aufgehen werden.

5

6 Die Rosaninos in einem vorgeheizten Backofen bei 200 °C 15–20 Minuten backen, bis sie fest geworden sind.

7 Die Rosaninos vom Blech nehmen und entweder sehr heiß servieren oder vor dem Verzehr auskühlen lassen.

Tipp

Die trockenen Zutaten im Voraus mischen und die Flüssigkeit kurz vor dem Backen zufügen.

Rosmarinplätzchen

Lehnen Sie die süßen Plätzchen mit Rosmarin nicht gleich ab. Probieren Sie sie, Sie werden angenehm überrascht sein.

Ergibt etwa 25 Stück

50 g weiche Butter
4 EL feiner Zucker
abgeriebene Schale von 1 Zitrone
4 EL Zitronensaft
1 Ei, getrennt
2 TL frischer Rosmarin, fein gehackt
200 g Mehl, gesiebt

Zucker, zum Bestreuen
(nach Belieben)

1 2 Backbleche leicht einfetten.

2 Butter und Zucker in einer großen Schüssel schaumig rühren.

3 Erst Zitronenschale und -saft, dann das Eigelb zugeben. Alles gründlich verquirlen. Dann den Rosmarin einrühren.

4

5

6

4 Mehl zugeben und alles zu einem glatten Teig verarbeiten. Den Teig in Frischhaltefolie einwickeln und für 30 Minuten in den Kühlschrank stellen.

5 Den Teig auf einer leicht mit Mehl bestäubten Arbeitsfläche dünn ausrollen. Etwa 25 runde Plätzchen (6 cm Ø) ausstechen und auf die vorbereiteten Backbleche legen.

6 Das Eiweiß in einer Schüssel leicht verschlagen und vorsichtig auf die Plätzchen streichen. Nach Belieben etwas Zucker darüber streuen.

7 Die Plätzchen in einem vorgeheizten Backofen bei 180 °C etwa 15 Minuten backen.

8 Die Plätzchen auf ein Kuchengitter legen und vor dem Servieren auskühlen lassen.

Tipp

Die Plätzchen können Sie in einem luftdichten Behälter bis zu 7 Tagen aufbewahren.

Variation

Der frische Rosmarin kann durch 1 1/2 Teelöffel getrockneten Rosmarin ersetzt werden.

Schokoladen-Haferflocken-Happen

Schokoraspel machen einfache Haferflocken-Happen zu einem raffinierten Gebäck. Statt Zartbitterschokolade können Sie auch Vollmilch- oder weiße Schokolade nehmen.

2

3

3

Ergibt etwa 12 Stück

125 g Butter
75 g feiner Zucker
1 EL heller Zuckerrübensirup
350 g Haferflocken
75 g Zartbitter-Schokoladenraspel
50 g Rosinen

1 Eine quadratische Backform (20 cm x 20 cm) leicht einfetten.

2 Butter, Zucker und Sirup in einem Topf bei schwacher Hitze rühren, bis Butter und Zucker geschmolzen sind und alles gut vermischt ist.

3 Vom Herd nehmen und die Haferflocken unterrühren. Schokoraspel und Rosinen zugeben und alles gut verrühren.

4 Die Mischung in die Backform geben und fest andrücken.

5 Im vorgeheizten Backofen bei 180 °C 30 Minuten backen. Ein wenig abkühlen lassen, dann in Quadrate schneiden. Vorsichtig auf ein Kuchengitter legen und vollständig auskühlen lassen.

Tipp

Die Schoko-Haferflocken-Happen halten sich luftdicht verschlossen bis zu 1 Woche, doch sind sie meist vorher schon verschwunden.

Variation

Sie können einen Teil der Haferflocken auch durch gehackte Nüsse oder Sonnenblumenkerne sowie getrocknete Früchte ersetzen.

Kokosriegel

Frisch aus dem Ofen schmecken die Kokosriegel besonders gut.

2

3

4

Ergibt etwa 16 Stück

- 200 g Butter
- 200 g Demerara-Zucker
- 2 EL heller Zuckerrübensirup
- 275 g Haferflocken
- 100 g Kokosraspel
- 75 g kandierte Kirschen, gehackt

1 Ein Backblech (30 cm x 23 cm) leicht einfetten.

2 Butter, Demerara-Zucker und Sirup in einem großen Topf erhitzen, bis sich der Zucker auflöst.

3 Haferflocken, Kokosraspel und kandierte Kirschen zugeben und gut mit der Zuckermischung überziehen.

4 Die Kokos-Zucker-Mischung auf das vorbereitete Backblech geben und mit einem Palettenmesser andrücken.

5 Die Mischung in einem vorgeheizten Backofen bei 170 °C 30 Minuten backen.

6 Aus dem Backofen nehmen und 10 Minuten auf dem Blech abkühlen lassen.

7 Die abgekühlte Mischung mit einem scharfen Messer in Riegel schneiden.

8 Die fertigen Riegel auf ein Kuchengitter legen und auskühlen lassen.

Tipp

In einem luftdichten Behälter gelagert, sind die Riegel 1 Woche, tiefgefroren bis zu 1 Monat haltbar.

Müslikekse

Die fruchtigen Kekse passen besonders gut zu einer Tasse Tee.

4

5

6

Ergibt etwa 10 Stück

50 g Butter
125 g feiner Zucker
1 Ei, verquirlt
50 g Mehl
1/2 TL Salz
1/2 TL Backpulver
175 g Haferflocken
125 g Rosinen
2 EL Sesamsamen

1 2 Backbleche leicht einfetten.

2 Butter und Zucker in einer großen Schüssel schaumig rühren.

3 Nach und nach das Ei zugeben und gut mit der Buttermischung verquirlen.

4 Mehl, Salz und Backpulver in die Mischung sieben und gut verrühren.

5 Haferflocken, Rosinen und Sesam gut untermischen.

6 Mit einem Löffel einzelne Häufchen aus dem fertigen Teig stechen. Die Häufchen mit reichlich Abstand auf die vorbereiteten Backbleche geben und mit einem Löffel etwas flach drücken.

7 In einem vorgeheizten Backofen bei 180 °C 15 Minuten backen.

8 Die fertigen Kekse auf den Blechen etwas abkühlen lassen.

9 Auf ein Kuchengitter legen und vor dem Servieren vollständig auskühlen lassen.

Variation

Die Rosinen durch gehackte getrocknete Aprikosen ersetzen.

Tipp

Diese Kekse bleiben in einem luftdichten Behälter besonders lange frisch.

Schokoladen-Muffins

Muffins sind allzeit beliebt und ganz einfach herzustellen. Für kleine Kinder und Kinderpartys sind Mini-Muffins der Renner. Ein Muffin – ein Bissen!

Ergibt 12 Stück

- 100 g weiche Margarine
- 225 g feiner Zucker
- 2 große Eier
- 150 g Naturjoghurt
- 5 EL Milch
- 275 g Mehl
- 4 TL Backpulver
- 175 g Zartbitter-Schokoladenraspeln

Variation

Für Schokoladen-Orangen-Muffins statt der Milch 5 Esslöffel Orangensaft und die abgeriebene Schale einer Orange zugeben.

Variation

Mit diesem Teig können Sie auch 6 große oder 24 Mini-Muffins backen. Die Backzeit für die kleinen Muffins liegt bei 10 Minuten.

2

3

4

1 Die Vertiefungen einer Muffin-Form mit Papierkapseln auslegen.

2 Margarine und Zucker zu einer hellen, lockeren Masse verquirlen. Nach und nach Eier, Joghurt und Milch einrühren.

3 Mehl und Backpulver in die Mischung sieben und rühren, bis ein glatter Teig entsteht.

4 Die Schokoladenraspel unterrühren und den Teig auf die Förmchen verteilen. Im vorgeheizten Backofen bei 190 °C 25 Minuten backen, bis ein in den Teig gestochener Metallspieß sauber bleibt. Die Muffins 5 Minuten stehen lassen, dann aus der Form nehmen und auf einem Kuchengitter vollständig auskühlen lassen.

Apfelbrötchen

Durch den Zuckerrübensirup erhalten diese Brötchen eine ganz besondere Geschmacksnote.

Ergibt 8 Stück

225 g Mehl
2 1/4 TL Backpulver
1 EL feiner Zucker
1 Prise Salz
75 g Butter, in kleinen Stücken
1 Apfel, geschält, entkernt und gehackt
1 Ei, verquirlt
2 EL Zuckerrübensirup
75 ml Milch

1 Ein Backblech leicht einfetten.

2 Mehl, Backpulver, Zucker und Salz in eine Schüssel sieben.

3 Die Butter mit den Fingern in der Mischung verreiben, bis ein krümeliger Teig entsteht.

4 Die Apfelstücke zugeben und unterrühren.

5 Ei, Sirup und Milch gut verquirlen. Zu den trockenen Zutaten geben und alles zu einem glatten Teig verarbeiten.

6 Den Teig auf einer leicht mit Mehl bestäubten Arbeitsfläche 2 cm dick ausrollen und 8 Kreise (5 cm Ø) daraus ausstechen.

7 Die Teigkreise auf das vorbereitete Backblech legen und in einem vorgeheizten Backofen bei 220 °C 8–10 Minuten backen.

8 Die fertigen Brötchen auf ein Kuchengitter legen und etwas abkühlen lassen.

9 Halbiert mit Butter servieren.

4

5

6

Tipp

Tiefgekühlt sind diese Apfelbrötchen bis zu 1 Monat haltbar.

Kirschbrötchen

Die Brötchen werden aus gewöhnlichem Mürbeteig zubereitet. Kandierte Kirschen verleihen ihnen aber ein besonderes Aroma.

Ergibt 8 Stück

225 g Mehl
2 1/4 TL Backpulver
1 EL feiner Zucker
1 Prise Salz
75 g Butter, in kleinen Stücken
40 g kandierte Kirschen, gehackt
40 g Rosinen
1 Ei, verquirlt
50 ml Milch

3

4

5

1 Ein Backblech leicht einfetten.

2 Mehl, Backpulver, Zucker und Salz in eine große Schüssel sieben. Die Butter mit den Fingern in dieser Mischung verreiben, bis ein krümeliger Teig entsteht.

3 Kirschen und Rosinen in den Teig einrühren. Anschließend das Ei zugeben und ebenfalls unterrühren.

4 1 Esslöffel Milch für die Glasur zurückbehalten, den Rest zu der Fruchtmischung geben und alles zu einem weichen Teig verarbeiten.

5 Den Teig auf einer mit Mehl bestäubten Arbeitsfläche 2 cm dick ausrollen und 8 Teigkreise (5 cm Ø) daraus ausstechen.

6 Die Teigkreise auf das vorbereitete Backblech legen, mit der zurückbehaltenen Milch bestreichen.

7 In einem vorgeheizten Backofen bei 220 °C 8–10 Minuten goldbraun backen.

8 Auf ein Kuchengitter legen und vor dem Servieren auskühlen lassen.

Tipp

Die Kirschbrötchen sind tiefgefroren bis zu 1 Monat haltbar.

Haselnuss-Schnitten

Die Haselnuss-Schnitten sind sehr schnell und einfach zuzubereiten. Die gehackten Haselnüsse können durch andere Nüsse ersetzt werden.

Ergibt etwa 16 Stück

150 g Mehl
1 TL Backpulver
1 Prise Salz
100 g Butter, in kleinen Stücken
150 g brauner Zucker
1 Ei, verquirlt
4 EL Milch
100 g Haselnüsse, halbiert

Demerara-Zucker, zum Bestreuen (nach Belieben)

Variation

Die Milch kann durch die gleiche Menge kalten, schwarzen Kaffees ersetzt werden, je stärker, desto besser!

3

4

5

1 Eine quadratische Backform (23 cm x 23 cm) einfetten und mit Backpapier auslegen.

2 Mehl, Backpulver und Salz in eine große Schüssel sieben.

3 Die Butter mit den Fingern in der Mehlmischung verreiben, bis ein krümeliger Teig entsteht. Dann den Zucker einrühren.

4 Ei, Milch und Nüsse zugeben und gut verrühren.

5 Den Teig in die vorbereitete Form geben, glatt streichen und nach Belieben mit Demerara-Zucker bestreuen.

6 Den Teig in einem vorgeheizten Backofen bei 180 °C 25 Minuten backen, bis er fest geworden ist.

7 10 Minuten abkühlen lassen, aus der Form lösen, auf ein Kuchengitter legen und vollständig auskühlen lassen. Zum Servieren in kleine Quadrate schneiden.

Traditionelles Shortbread

Das berühmte Shortbread nimmt man am besten nachmittags um 17 Uhr mit einer Tasse Tee zu sich.

Ergibt 8 Stück

125 g weiche Butter
40 g Kristallzucker
25 g Puderzucker
225 g Mehl
1 Prise Salz
2 TL Orangenblütenwasser

feiner Zucker, zum Bestreuen

4

4

1 Eine Springform (20 cm Ø) einfetten.

2 Butter, Zucker und Puderzucker in eine Schüssel geben und schaumig rühren.

3 Mehl und Salz in die Zuckermischung sieben, Orangenblütenwasser zufügen und alles zu einem glatten Teig verarbeiten.

4 Den Teig auf einer leicht mit Mehl bestäubten Arbeitsfläche zu einem Kreis (20 cm Ø) ausrollen und in die vorbereitete Springform einpassen. Mehrfach einstechen und mit einem stumpfen Messer 8 Stücke vorritzen.

4

5 Den Teig in einem vorgeheizten Backofen bei 160 °C 30–35 Minuten goldgelb und knusprig backen.

6 Das fertige Shortbread mit Zucker bestreuen und entlang der eingeritzten Linien einschneiden.

7 In der Form auskühlen lassen und bis zum Verzehr in einem luftdichten Behälter aufbewahren.

Tipp

Wer es knuspriger mag, kann vor dem Backen 2 Esslöffel gehackte Nüsse über den Teig streuen.

Kümmelkekse

Der Kümmel verleiht diesen Keksen eine sehr pikante Geschmacksnote.

Ergibt 36 Stück

225 g Mehl
1 Prise Salz
100 g Butter, in kleinen Stücken
225 g feiner Zucker
1 Ei, verquirlt
2 EL Kümmel

Demerara-Zucker, zum Bestreuen (nach Belieben)

1 Mehrere Backbleche leicht einfetten.

2 Mehl und Salz in eine Schüssel sieben. Die Butter mit den Fingern darin verreiben, bis ein krümeliger Teig entsteht. Anschließend den Zucker einrühren.

3 Von dem verquirlten Ei 1 Esslöffel beiseite stellen. Den Rest zusammen mit dem Kümmel in die Mehlmischung geben und mit den anderen Zutaten zu einem glatten Teig verarbeiten.

4 Den Teig auf einer leicht mit Mehl bestäubten Arbeitsfläche dünn ausrollen und 36 runde Kekse (6 cm Ø) daraus ausstechen.

5 Die Kekse auf die vorbereiteten Bleche legen, mit dem beiseite gestellten Ei bestreichen, mit Demerara-Zucker bestreuen.

6 In einem vorgeheizten Backofen bei 160 °C 15 Minuten goldbraun und knusprig backen.

7 Die Kekse auf einem Kuchengitter auskühlen lassen. In einem luftdichten Behälter aufbewahren.

2

3

Variation

Kümmel hat einen nussigen, leicht anisartigen Geschmack. Wer keinen Kümmel mag, kann stattdessen Mohn verwenden.

4

Schokoladen-Shortbread

Dieses Shortbread mit Butter und Schokolade gehört in die Keksdose eines jeden Schokoladen-Schleckermäulchens.

Ergibt 12 Stück

175 g Mehl
1 EL Kakaopulver
50 g Zucker
150 g weiche Butter
50 g Zartbitterschokolade, fein gehackt

2

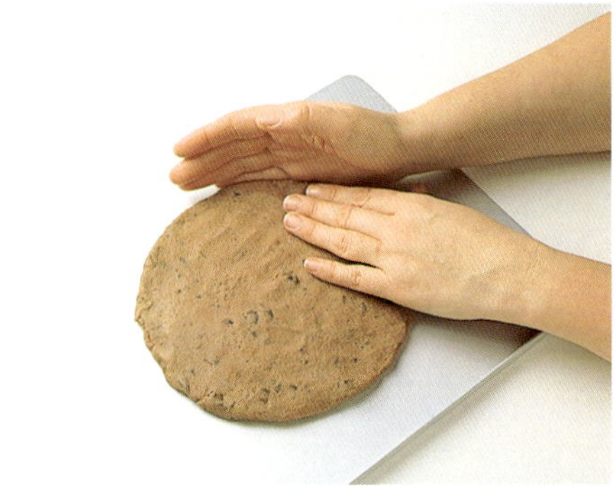

3

Variation

Für kleine Shortbreads den Teig auf einer mit Mehl bestäubten Arbeitsfläche etwa 8 mm dick ausrollen. Mit einer großen Plätzchenform runde Kekse ausstechen und wie beschrieben ca. 20 Minuten backen. Nach Geschmack können die Kekse zusätzlich halb in geschmolzene Schokolade getaucht werden.

1 Ein Backblech leicht einfetten.

2 Alle Zutaten in einer großen Schüssel zu einem glatten Teig verrühren. Mit den Händen leicht durchkneten.

3 Den Teig auf das Backblech geben und zu einem großen Kreis (etwa 20 cm Ø) ausrollen.

4 Den Teigrand mit den Fingerspitzen dekorativ eindrücken. Überall mit einer Gabel einstechen und mit einem scharfen Messer 12 Stücke vorschneiden.

5 In einem vorgeheizten Backofen bei 160 °C 40 Minuten goldbraun backen. Leicht abkühlen lassen und in Stücke schneiden. Auf einem Kuchengitter vollständig auskühlen lassen.

4

Variation

Der Teig kann zur Verzierung zunächst auch in eine leicht mit Mehl bestäubte Tarteform gedrückt werden, bevor er auf das Backblech gestürzt wird.

Malz-Schoko-Ecken

Diese leckeren Kuchenecken sind ideal als Betthupferl – aber sie schmecken natürlich auch zu jeder anderen Tageszeit.

Ergibt etwa 16 Stück

100 g Butter
2 EL heller Zuckerrübensirup
2 EL Ovomaltine
225 g Biskuitkekse
75 g Vollmilch- oder Zartbitterschokolade, in kleine Stücke gebrochen
25 g Puderzucker
2 EL Milch

2

3

1 Eine Springform (18 cm Ø) leicht einfetten und mit Backpapier auslegen.

2 Butter, Sirup und Ovomaltine unter ständigem Rühren in einem Topf erhitzen, bis sich alles gut verbunden hat.

3 Die Kekse in einen Gefrierbeutel geben und mit einer Kuchenrolle zerdrücken oder im Mixer zerkleinern. Die zerbröselten Kekse in die Buttermischung geben und gut verrühren.

4 Die Mischung in die vorbereitete Form füllen, fest andrücken und dann in den Kühlschrank stellen, bis sie fest geworden ist.

5 Schokolade, Puderzucker und Milch unter ständigem Rühren im Wasserbad erhitzen, bis eine glatte Masse entsteht.

6 Die Glasur über den Keksboden gießen und abkühlen lassen. Zum Servieren mit einem scharfen Messer in Tortenstücke schneiden.

Variation

Wenn Sie möchten, können Sie gehackte Pekannüsse in Schritt 3 zur Keksmischung geben.

6

Schokoladenbrötchen

Dieses einfache Brötchenrezept wird durch die Verwendung von Schokoraspel ein besonderer Leckerbissen für Schokoladenfreunde.

Ergibt 9 Stück

225 g Mehl
2 TL Backpulver
60 g Butter
1 EL feiner Zucker
50 g Schokoladenraspel
150 ml Milch

1 Ein Backblech leicht einfetten. Mehl und Backpulver in eine Schüssel sieben und die Butter in Flöckchen zugeben. Mit den Fingern verreiben, bis ein krümeliger Teig entsteht.

2 Zucker und Schokoladenraspel zugeben.

3 Nach und nach so viel Milch zugießen, dass ein weicher Teig entsteht.

4 Den Teig auf einer mit Mehl bestäubten Arbeitsfläche zu einem etwa 2,5 cm dicken Rechteck (10 cm x 15 cm) ausrollen und dieses in 9 Quadrate schneiden.

5 Die Brötchen auf das Backblech legen, dabei ausreichend Abstand lassen.

6 Mit etwas Milch einpinseln und im vorgeheizten Backofen bei 220 °C 10–12 Minuten backen, bis die Brötchen aufgegangen und oben goldbraun sind.

Tipp

Am besten schmecken die Brötchen ofenfrisch serviert. Schneiden Sie die heißen Brötchen auf, und bestreichen Sie sie mit etwas Nuss-Nougat-Creme oder einem Löffel Schlagsahne.

1

2

4

Variation

Verwenden Sie Raspel von Zartbitter-, Vollmilch- oder weißer Schokolade. Mit einem runden Ausstechförmchen (etwa 5 cm ∅) die Scones ausstechen.

Engelstaler

Diese köstlichen Schokotaler werden mit einer erfrischenden Orangenglasur verfeinert und schmecken – dem Namen gemäß – einfach himmlisch.

Ergibt etwa 30 Stück

85 g weiche Butter
6 EL feiner Zucker
1 Ei
1 EL Milch
225 g Mehl
2 EL Kakaopulver

GLASUR
175 g Puderzucker, gesiebt
3 EL Orangensaft
etwas dunkle Schokolade, geschmolzen

2

3

1 2 Backbleche mit Backpapier auslegen.

2 Butter und Zucker schaumig rühren. Ei und Milch einarbeiten. Nach und nach Mehl und Kakaopulver einsieben und unterrühren. Dann die gesamte Mischung mit den Händen zu einem glatten Teig verarbeiten.

3 Den Teig etwa 6 mm dick ausrollen und mit einer großen runden Plätzchenform (etwa 5 cm Ø) so viele Kekse wie möglich daraus ausstechen. Die Reste verkneten, erneut ausrollen und weitere Kekse daraus ausstechen.

4 Die Kekse auf die vorbereiteten Backbleche legen und in einem vorgeheizten Backofen bei 180 °C 10–12 Minuten goldbraun backen.

5 Die fertigen Kekse einige Minuten auf dem Blech ruhen lassen, dann auf einem Kuchengitter auskühlen lassen.

6

6 Für die Glasur Puderzucker und Orangensaft in eine kleine Schüssel geben und zu einer dickflüssigen Creme verrühren. Die Creme auf die Kekse streichen und fest werden lassen. Anschließend die Kekse mit der geschmolzenen Schokolade besprenkeln und auch diese vor dem Servieren fest werden lassen.

Weizenhäppchen

Häppchen für jeden Tag sind diese Kekse, die in einem luftdichten Behälter mindestens eine Woche frisch bleiben.

3

3

Ergibt etwa 20 Stück

75 g Butter
100 g Demerara-Zucker
1 Ei
25 g Weizenkeime
125 g Weizen-Vollkornmehl
60 g Mehl, gesiebt
2 TL Backpulver
125 g Zartbitterschokolade

4

Tipp

Diese Kekse halten sich tiefgefroren bis zu 3 Monaten. Nach dem Backen einfrieren. Auftauen lassen und dann erst in die Schokolade tauchen.

1 Ein Backblech leicht einfetten. Butter und Zucker schaumig rühren. Das Ei unter Rühren zufügen. Weizenkeime, Mehl und Backpulver zugeben und mit den Händen zu einem glatten Teig kneten.

2 Jeweils 1 Teelöffel Teig zu einer Kugel formen und mit ausreichend Abstand zueinander auf das Backblech setzen.

3 Die Kugeln mit einer Gabel vorsichtig flach drücken. Im vorgeheizten Backofen bei 180 °C 15–20 Minuten goldbraun backen. Auf dem Backblech leicht abkühlen lassen, dann auf ein Kuchengitter heben und vollständig auskühlen lassen.

4 Die Schokolade schmelzen und jeden Keks so eintauchen, dass der Boden und die Seiten etwas mit Schokolade überzogen sind. Überschüssige Schokolade gut abtropfen lassen.

5 Die Kekse kopfüber auf Backpapier setzen und vor dem Servieren fest werden lassen.

Ingwerplätzchen

Ingwer und Orangenschale verleihen diesen Plätzchen einen unvergleichlichen Geschmack.

3

4

7

Ergibt 30 Stück

350 g Mehl
3 1/2 TL Backpulver
1 Prise Salz
200 g feiner Zucker
1 TL gemahlener Ingwer
1 TL Natron
125 g Butter
75 g heller Zuckerrübensirup
1 Ei, verquirlt
1 TL abgeriebene Schale 1 Orange

1 Mehrere Backbleche leicht einfetten.

2 Mehl, Backpulver, Salz, Zucker, Ingwer und Natron in eine große Schüssel sieben.

3 Butter und Sirup bei sehr schwacher Hitze in einem Topf erwärmen, bis die Butter vollständig zerlassen ist.

4 Die Buttermischung etwas abkühlen lassen und zu den trockenen Zutaten gießen.

5 Ei und Orangenschale zu der Mischung geben und alles gründlich vermengen.

6 Den Teig zu 30 gleich großen Kugeln formen.

7 Die Kugeln mit genügend Abstand auf die Backbleche legen und etwas flach drücken.

8 Die so vorbereiteten Plätzchen in einem vorgeheizten Backofen bei 160 °C 15–20 Minuten backen und vor dem Servieren auf einem Kuchengitter auskühlen lassen.

Tipp

Die Plätzchen können bis zu 1 Woche in einem luftdichten Behälter aufbewahrt werden.

Variation

Wer es etwas knuspriger mag, kann die Plätzchen einige Minuten länger im Ofen lassen.

Zitrusmonde

Die sichelförmigen Plätzchen aus einfachem Mürbeteig werden durch das Aroma von Zitrusfrüchten bereichert.

Ergibt etwa 25 Stück

100 g weiche Butter
75 g feiner Zucker
1 Ei, getrennt
200 g Mehl, gesiebt
abgeriebene Schale von 1 Orange
abgeriebene Schale von 1 Zitrone
abgeriebene Schale von 1 Limette
2–3 EL Orangensaft

feiner Zucker, zum Bestreuen, (nach Belieben)

1 2 Backbleche leicht einfetten.

2 Butter und Zucker in einer Schüssel schaumig rühren. Nach und nach das Eigelb untermischen.

3 Mehl zugeben und gut unterrühren. Die Zitrusschalen einrühren und alles mit reichlich Orangensaft zu einem glatten Teig verarbeiten.

3

4

5

4 Den Teig auf einer leicht mit Mehl bestäubten Arbeitsfläche ausrollen. Kreise (7,5 cm Ø) daraus ausstechen. Etwa ein Viertel des Teigs von diesen Kreisen abstechen, sodass kleine Halbmonde entstehen. Die abgestochenen Reste erneut ausrollen und verarbeiten, bis etwa 25 Monde entstanden sind.

5 Die Monde auf die vorbereiteten Backbleche legen und mit einer Gabel einstechen.

6 Das Eiweiß in einer Schüssel leicht verschlagen und die Monde damit bestreichen. Nach Belieben Zucker darüber streuen.

7 Die Monde in einem vorgeheizten Backofen bei 200 °C 12–15 Minuten backen und vor dem Servieren auskühlen lassen.

Tipp

Die Monde sind tiefgefroren bis zu 1 Monat haltbar.

Schokoladenbiscotti

Diese trockenen Kekse reicht man am besten nach dem Essen mit einem schwarzen Kaffee oder Espresso.

Ergibt etwa 16 Stück

1 Ei
100 g feiner Zucker
5 Tropfen Vanillearoma
125 g Mehl
1/2 TL Backpulver
1 TL gemahlener Zimt
50 g Zartbitterschokolade, grob gehackt
50 g gehobelte Mandeln, geröstet
50 g Pinienkerne

1 Ein großes Backblech einfetten.

2 Ei, Zucker und Vanillearoma schaumig rühren – die Masse sollte in Fäden tropfen.

3 Mehl, Backpulver und Zimt in eine zweite Schüssel sieben, dann in die Eiermischung sieben und vorsichtig mit dieser verrühren. Zuletzt Schokolade, Mandeln und Pinienkerne einrühren.

4 Den Teig auf einer leicht mit Mehl bestäubten Arbeitsfläche zu einer flachen, etwa 24 cm langen und 1,5 cm breiten Rolle formen. Diese auf das vorbereitete Blech legen.

2

3

5 Die Teigrolle in einem vorgeheizten Backofen bei 180 °C 20–25 Minuten goldbraun backen. Aus dem Backofen nehmen und etwa 5 Minuten abkühlen lassen.

6 Die Rolle auf ein Schneidebrett legen und mit einem Brotmesser schräg in etwa 1 cm dicke Scheiben schneiden. Diese erneut auf das Backblech legen und noch einmal 10–15 Minuten backen, nach der Hälfte der Zeit einmal wenden.

7 Die fertigen Biscotti auf dem Blech 5 Minuten abkühlen lassen, dann auf ein Kuchengitter legen und vollständig auskühlen lassen.

4

Tipp

In einem luftdichten Behälter halten sich die Plätzchen bis zu 2 Wochen.

Zitronenplätzchen

Die Zitronenplätzchen sind eine Variante der Vanillekipferln und zerschmelzen wie diese auf der Zunge.

2

4

Ergibt etwa 50 Stück

100 g weiche Butter
125 g feiner Zucker
abgeriebene Schale von 1 Zitrone
1 Ei, verquirlt
4 EL Zitronensaft
350 g Mehl
1 TL Backpulver
1 EL Milch

Puderzucker, zum Bestäuben

Variation

Diese Plätzchen können auch anders geformt werden – zu Buchstaben, geometrischen Figuren oder einfach zu Kreisen.

6

1 Mehrere Backbleche leicht einfetten.

2 Butter, Zucker und Zitronenschale in einer Schüssel schaumig rühren.

3 Nach und nach das Ei und den Zitronensaft zugeben und gut mit den anderen Zutaten mischen.

4 Mehl und Backpulver in die Mischung sieben und gut unterrühren. Die Milch zugießen und alles zu einem glatten Teig verarbeiten.

5 Den Teig auf eine leicht mit Mehl bestäubte Arbeitsfläche legen und in etwa 50 gleich große Stücke teilen.

6 Jedes Stück von Hand zu einem Strang rollen und zu einem „S" formen.

7 Die so entstandenen Zitronenplätzchen auf die vorbereiteten Backbleche legen und in einem vorgeheizten Backofen bei 170 °C 15–20 Minuten backen. Auf einem Kuchengitter auskühlen lassen und vor dem Servieren mit Puderzucker bestäuben.

Gewürzplätzchen

Sie können die Gewürzplätzchen mit Fruchtsalat und Eiscreme als Dessert servieren.

2

3

5

Ergibt etwa 24 Stück

175 g Butter
175 g Muskovado-Zucker
225 g Mehl
1 Prise Salz
1/2 TL Natron
1 TL gemahlener Zimt
1/2 TL gemahlener Koriander
1/2 TL gemahlene Muskatnuss
1/4 TL gemahlene Nelken
2 EL brauner Rum

1 2 Backbleche leicht einfetten.

2 Butter und Zucker in einer Schüssel schaumig rühren.

3 Mehl, Salz, Natron, Zimt, Koriander, Muskatnuss und Nelken in die Buttermischung sieben und alles gut verrühren.

4 Den Rum zugießen und unterrühren.

5 Mit 2 Teelöffeln etwa 24 kleine Teighäufchen aus der so entstandenen Mischung formen und auf die Backbleche legen. Jeweils 7 cm Abstand zwischen den einzelnen Teighäufchen lassen und diese mit einem der Löffel etwas flach drücken.

6 Die Teighäufchen in einem vorgeheizten Backofen bei 180 °C 10–12 Minuten goldbraun backen.

7 Die fertigen Plätzchen auf einem Kuchengitter auskühlen lassen.

Tipp

Die Plätzchen können auch mit einer Gabel flach gedrückt werden.

Kekse mit Schokoladenstücken

Keine Backstube ohne ein solches Rezept! Kekse mit Schokoladenstücken sind ein Renner, insbesondere da sich das Rezept leicht abwandeln lässt.

2

Variation

Statt geraspelte Zartbitterschokolade können Sie auch weiße Schokolade verwenden. Für besonders schokoladige Kekse mischen Sie zusätzlich 40 g geschmolzene Zartbitterschokolade unter den Teig.

3

5

Ergibt etwa 18 Stück

180 g Mehl
1 TL Backpulver
125 g weiche Margarine
90 g Muskovado-Zucker
60 g feiner Zucker
3 Tropfen Vanillearoma
1 Ei
125 g Zartbitterschokolade, grob geraspelt

1 Zwei Backbleche leicht mit Butter einfetten.

2 Alle Zutaten in einer großen Schüssel gut verrühren.

3 Mit einem Esslöffel den Teig portionsweise und mit genügend Abstand auf die Backbleche setzen.

4 Im vorgeheizten Backofen bei 190 °C 10–12 Minuten goldbraun backen.

5 Mit einem Palettenmesser die Kekse auf ein Kuchengitter legen und auskühlen lassen.

Variation

Verwenden Sie eine Mischung aus Zartbitter-, Vollmilch- und weißen Schokoladenraspel. Oder Sie mischen für Kokoskekse zusätzlich 25 g Kokosraspel unter den Teig oder für Nusskekse 40 g gehackte Haselnüsse.

Erdnussbutterkekse

Diese Kekse sind besonders bei Kindern sehr beliebt, da sie Erdnussbutter enthalten.

2

6

Tipp

Wenn man die Plätzchen vor dem Backen mit etwas braunem Kristallzucker bestreut, werden sie knuspriger und glänzen mehr.

Ergibt 20 Stück

125 g weiche Butter
150 g grobe Erdnussbutter
225 g Kristallzucker
1 Ei, leicht verquirlt
150 g Mehl
1/2 TL Backpulver
1 Prise Salz
75 g ungesalzene Erdnüsse, gehackt

7

1 2 Backbleche leicht einfetten.

2 Butter und Erdnussbutter in einer großen Schüssel vermengen.

3 Nach und nach den Zucker zugeben und gut unterrühren.

4 Langsam das Ei zufügen und gründlich untermischen.

5 Mehl, Backpulver und Salz in die Erdnussbutter-Mischung sieben.

6 Die Erdnüsse zugeben und alles zu einem weichen Teig verarbeiten. Den Teig in Frischhaltefolie einwickeln und für 30 Minuten in den Kühlschrank stellen.

7 20 Kugeln aus dem Teig formen. Die Kugeln mit einem Abstand von 5 cm auf die vorbereiteten Backbleche legen und mit der Hand etwas flach drücken.

8 Die so vorbereiteten Kekse in einem vorgeheizten Backofen bei 190 °C 15 Minuten goldbraun backen und vor dem Servieren auf einem Kuchengitter auskühlen lassen.

Schokoladen-Tortelettes

Diese köstlichen Tortelettes sind bei Kindern – gleich ob als Dessert oder als Gebäck – äußerst beliebt.

1

2

Ergibt 6 Stück

50 g Haselnüsse, geröstet
150 g Mehl
1 EL Puderzucker
75 g weiche Margarine
2–3 EL Wasser

FÜLLUNG
2 EL Speisestärke
1 EL Kakaopulver
1 EL Zucker
300 ml fettarme Milch
3 EL Nuss-Nougat-Creme
25 g Zartbitter-Schokoladenraspel
25 g Vollmilch-Schokoladenraspel
25 g weiße Schokoladenraspel

3

1 Die Nüsse in einer Küchenmaschine fein hacken. Mehl, Puderzucker und Margarine zugeben. Mixen, bis die Mischung krümelig wird. 2–3 Esslöffel Wasser zugießen und zu einem glatten Teig kneten. Abdecken und für 10 Minuten in das Tiefkühlfach stellen.

2 Den Teig flach ausrollen und 6 Tortelette-Förmchen damit auslegen. Den Teig mit der Gabel einstechen und mit leicht zerknüllter Alufolie abdecken. Im vorgeheizten Backofen bei 200 °C 15 Minuten backen. Die Folie abnehmen und weitere 5 Minuten knusprig und goldbraun backen. Abkühlen lassen.

3 Speisestärke, Kakaopulver und Zucker mit etwas Milch zu einer glatten Paste verrühren. Die restliche Milch einrühren. In einen Topf gießen und bei schwacher Hitze unter ständigem Rühren eindicken lassen. Die Nuss-Nougat-Creme sorgfältig unterrühren.

4 Die Schokoladenraspel mischen und ein Viertel beiseite stellen. Die Hälfte der Schokoladenraspel unter die Creme rühren. Mit Backpapier abdecken und etwas abkühlen lassen, dann die zweite Hälfte der Raspel zugeben. Die Creme auf die Tortelettes verteilen und abkühlen lassen. Mit den zurückbehaltenen Raspeln garnieren und servieren.

Desserts sind immer auch ein Trost für die Seele, vor allem, wenn sie warm serviert werden. Es gibt kaum etwas Heimeligeres als cremiger Schokoladenauflauf oder Pflaumennockerln, die beide heiß auf den Tisch kommen. Beliebt sind auch Leckereien aus der Kindheit wie Brotauflauf. Und dennoch: Ein frischer, äußerst aromatischer Wind weht durch die hier vorgestellten traditionellen Desserts, der selbst Nachtischmuffel beeindrucken wird.

Soll es etwas außergewöhnlicher sein, versuchen Sie doch einmal Apfelpfannkuchen mit Schokolade oder Schokoladen-Birnen-Tarte. Experimentieren Sie mit Klassikern wie einer delikaten Schokoladen-Zabaglione, die den Gaumen aufs Angenehmste verwöhnt. Doch auch der kalte Genuss, Eis und Halbgefrorenes, mit seinen unterschiedlichen Geschmacksrichtungen kommt nicht zu kurz. Verwöhnen Sie sich und Ihre Gäste nicht nur im Sommer mit kühlen Köstlichkeiten.

Heiße & kalte Desserts

Schoko-Rum-Töpfchen

Klein, aber fein ist dieses aromatische und gehaltvolle Rumdessert.

Ergibt 8–12 Stück

225 g Zartbitterschokolade
4 Eier, getrennt
75 g feiner Zucker
4 EL Rum
4 EL Crème double

GARNIERUNG
etwas Schlagsahne
Schokoladengarnierungen

1

3

4

1 Die Schokolade schmelzen und leicht abkühlen lassen.

2 Eigelb und Zucker zu einer hellen und schaumigen Masse rühren (5 Minuten mit dem elektrischen Handrührgerät, etwas länger per Hand).

3 Schokolade, Rum und Crème double sorgfältig unter die Mischung heben.

4 Das Eiweiß so lange rühren, bis der Eischnee steife Spitzen bildet. In 2 Portionen vorsichtig unter die Schokoladenmischung heben. Auf 6 Servierschalen verteilen und für mindestens 2 Stunden in den Kühlschrank stellen.

5 Mit Schokoladengarnierungen verzieren und mit Schlagsahne servieren.

Tipp

Schlagen Sie das Eiweiß in einer sauberen und fettfreien Schüssel, da schon die kleinste Fettspur das Steifwerden verhindert.

Variation

Die leckeren kleinen Töpfchen können auch mit Weinbrand anstelle von Rum aromatisiert werden.

Saftige Schokotörtchen

Mit diesen Schokotörtchen als Dessert können Sie Ihre Gäste beeindrucken.

3

3

5

Für 6 Personen

125 g weiche Butter
150 g brauner Zucker
3 Eier, verquirlt
1 Prise Salz
25 g Kakaopulver
125 g Mehl
1 1/4 TL Backpulver
25 g Zartbitterschokolade, fein gehackt
75 g weiße Schokolade, fein gehackt

SAUCE
150 g Crème double
75 g brauner Zucker
25 g Butter

1 6 kleine feuerfeste Backförmchen (etwa 175 ml Inhalt) leicht einfetten.

2 Butter und Zucker schaumig rühren. Nach und nach die Eier zugeben.

3 Salz, Kakaopulver, Mehl und Backpulver in die Mischung sieben und sorgfältig unterheben. Dann die Schokolade gleichmäßig einrühren.

4 Die fertige Mischung auf die vorbereiteten Förmchen verteilen und mit leicht eingefetteter, am Förmchenrand angedrückter Alufolie abdecken.

5 Die Förmchen in einen flachen Bräter stellen. Diesen bis auf die halbe Höhe der Förmchen mit heißem Wasser füllen.

6 Die Törtchen in einem vorgeheizten Backofen bei 180 °C 50 Minuten backen, bis ein in die Mitte gestochener Metallspieß sauber bleibt.

7 Die Förmchen aus dem Bräter nehmen und beiseite stellen.

8 Für die Sauce Crème double, Zucker und Butter bei geringer Hitze in einer Pfanne zum Kochen bringen. Dann so lange leicht köcheln lassen, bis der Zucker aufgelöst ist.

9 Die Törtchen auf Teller stürzen, die Sauce darüber gießen und sofort servieren.

Knusperauflauf mit Früchten

Die Schokoladenraspel machen das beliebte Dessert zu einer wahren Köstlichkeit. Ein Nachtisch, der selbst Kinder zu Obst verführt.

Für 4 Personen

400 g Aprikosen im eigenen Saft (Dose)
450 g Kochäpfel, geschält und in dicke Scheiben geschnitten
100 g Mehl
75 g Butter
50 g Haferflocken
50 g feiner Zucker
100 g Schokoladenraspel

1 Eine Auflaufform einfetten.

2 Die Aprikosen abgießen, dabei 4 Esslöffel Saft auffangen. Äpfel, Aprikosen und -saft in die Form füllen und gut vermischen.

3 Das Mehl in eine Schüssel sieben. Die Butter in kleine Würfel schneiden und mit den Fingern einarbeiten, bis ein krümeliger Teig entsteht. Haferflocken, Zucker und Schokoladenraspel unterrühren.

4 Die Mischung über die Früchte geben und etwas glatt streichen, dabei nicht drücken.

5 Im vorgeheizten Backofen bei 180 °C 40–45 Minuten backen, bis die Oberfläche goldbraun ist. Heiß oder kalt servieren.

2

3

4

Variation

Auch andere Früchte schmecken hervorragend, z. B. frische Pfirsiche mit Himbeeren. Sollten Sie nur frische Früchte verwenden, geben Sie 4 Esslöffel Orangensaft zu.

Variation

Für mehr Schokoladengeschmack ersetzen Sie 1–2 Esslöffel Mehl durch Kakaopulver.

Tipp

Sie können weiße, Vollmilch- oder Zartbitter-Schokoladenraspel für dieses Dessert verwenden – oder auch alle drei Sorten.

Schokoladen-Zabaglione

Eine Leichtigkeit, die an Luft erinnert, macht dieses Dessert zu einem der Spitzenklasse. Das exquisite Aroma erhalten Sie mit einer Schokolade, die mindestens 70 Prozent Kakao enthält.

Für 2 Personen

4 Eigelb
50 g feiner Zucker
50 g Zartbitterschokolade
125 ml Marsala

Kakaopulver, zum Bestäuben

1

2

Tipp

Wenn die Creme zu heiß wird und zu gerinnen beginnt, können Sie sie eventuell retten, wenn Sie sie sofort aus dem Wasserbad nehmen und die Schüssel in kaltes Wasser stellen. Rühren Sie kräftig, bis die Zabaglione wieder cremig geworden ist.

3

Tipp

Sie können die Zabaglione auch in Kaffeetassen füllen und Amarettini dazu reichen – eine köstliche Zwischenmahlzeit.

1 In einer großen Schüssel Eigelb und Zucker mit einem Handrührgerät zu einer sehr schaumigen Masse verquirlen.

2 Die Schokolade reiben und unter den Eischaum heben. Den Marsala unterrühren.

3 Die Schüssel über einen Topf mit leicht kochendem Wasser stellen, die Mischung dabei auf niedrigster Stufe oder mit einem Schneebesen rühren, bis sie eingedickt ist. Sie darf jedoch nicht kochen, da sie sonst gerinnt.

4 Die heiße Zabaglione in vorgewärmte Dessertschalen füllen und mit etwas Kakao bestäuben. Sofort servieren.

Mokkacreme

Das Kaffee- und Schokoladenaroma macht diese delikate Creme zu einem perfekten Abschluss eines Essens.

Für 4 Personen

225 g Zartbitterschokolade
1 EL Instantkaffee
300 ml heißes Wasser
1 Päckchen gemahlene Gelatine
3 EL kaltes Wasser
5 Tropfen Vanillearoma
1 EL Kaffeelikör (nach Belieben)
300 g Crème double
4 Schokoladen-Kaffeebohnen
8 Amarettini

1

1 Die Schokolade in kleine Stücke brechen und mit dem Kaffee in einen Topf geben. Das Wasser zugießen und bei schwacher Hitze rühren, bis die Schokolade geschmolzen ist.

2 Die Gelatine in das kalte Wasser streuen und quellen lassen, dann unter die heiße Schokoladenmischung rühren, bis sie sich aufgelöst hat.

3 Vanillearoma und eventuell Kaffeelikör zugießen. An einem kühlen Ort stehen lassen, bis die Masse einzudicken beginnt, dabei von Zeit zu Zeit aufschlagen.

4 Die Crème double steif schlagen, ein wenig für die Garnierung zurückbehalten und den Rest unter die Mokkamischung heben. In Dessertschalen füllen und fest werden lassen.

2

Variation

Für ein delikates Mandelaroma ersetzen Sie den Kaffeelikör durch Mandellikör, wie z. B. Amaretto.

Tipp

Sie können dieses Dessert auch in einer großen Schale anrichten.

5 Mit der restlichen Crème double und den Kaffeebohnen garnieren und servieren. Die Amarettini dazu reichen.

4

Brotauflauf

Ein traditioneller britischer Auflauf mit kandierten Früchten und Rosinen. Die beste Art, altes, trockenes Brot aufzubrauchen.

2

5

6

Für 6 Personen

200 g Weißbrot, in Scheiben geschnitten
50 g weiche Butter
25 g Rosinen
25 g gemischtes Zitronat und Orangeat
600 ml Milch
4 Eigelb
75 g feiner Zucker
1/2 TL Lebkuchengewürz (siehe Tipp Seite 298), ersatzweise Piment

1 Eine Auflaufform (etwa 1,2 l Inhalt) einfetten.

2 Die Brotkruste nach Belieben entfernen. Das Brot mit Butter bestreichen und vierteln.

3 Die Hälfte der Brote in die Form geben. Dann die Hälfte der Rosinen, des Zitronats und des Orangeats darüber streuen.

4 Die restlichen Brotscheiben über die erste Brotschicht legen und mit den übrigen Früchten bestreuen.

5 Für die Creme die Milch erhitzen, aber nicht aufkochen lassen. Eigelb und Zucker in einer Schüssel schaumig rühren und mit der Milch vermengen.

6 Die fertige Mischung durch ein Sieb seihen und über die Brotscheiben gießen.

7 Den Auflauf 30 Minuten ruhen lassen, dann mit Lebkuchengewürz bestreuen.

8 Die Auflaufform in einen flachen, zur Hälfte mit heißem Wasser gefüllten Bräter stellen.

9 Auflaufform und Bräter in den vorgeheizten Backofen schieben. Den Auflauf bei 200 °C 40–45 Minuten darin backen, bis die Creme stockt. Dann aus dem Backofen nehmen und noch warm servieren.

Tipp

Der Auflauf kann im Voraus zubereitet, dann aufbewahrt und bei Bedarf gebacken werden.

Pflaumennockerln

Dieses köstliche Dessert kann mit anderen Fruchtsorten zubereitet werden, wenn keine Pflaumen erhältlich sind.

Für 6 Personen

1 kg Pflaumen, entsteint und in Spalten geschnitten
100 g feiner Zucker
1 EL Zitronensaft
250 g Mehl
75 g Kristallzucker
2 TL Backpulver
1 Ei, verquirlt
150 ml Buttermilch
75 g Butter, zerlassen und abgekühlt

Crème double, zum Servieren

Tipp

Die Buttermilch kann durch saure Sahne ersetzt werden.

3

5

6

1 Eine Auflaufform (etwa 2 l Inhalt) leicht einfetten.

2 Pflaumen, feinen Zucker, Zitronensaft und 25 g Mehl vermengen.

3 Die so entstandene Mischung in die vorbereitete Form geben.

4 Das restliche Mehl, den Kristallzucker und das Backpulver in einer Schüssel vermengen.

5 Ei, Buttermilch sowie Butter zugeben und alles vorsichtig unterrühren, bis ein glatter Teig entsteht.

6 Den Teig löffelweise über die Pflaumenmischung geben, bis diese fast bedeckt ist.

7 Die Pflaumennockerln in einem vorgeheizten Backofen bei 190 °C 35–40 Minuten goldbraun backen.

8 Die Plaumennockerln noch heiß mit einer Portion Crème double servieren.

Birnenauflauf

Alle Früchte können für diesen Auflauf verwendet werden. Da er keine tierischen Produkte enthält, ist er auch für Veganer geeignet.

2

3

4

Für 6 Personen

6 Dessertbirnen
1 EL frisch gehackter Ingwer
1 EL Zuckerrübensirup
2 EL Orangensaft

BELAG
175 g Mehl
75 g Pflanzenmargarine, in kleinen Stücken
25 g gehobelte Mandeln
25 g Haferflocken
50 g Zuckerrübensirup

1 Eine Auflaufform (1,2 l Inhalt) leicht einfetten.

2 Die Birnen schälen, entkernen, vierteln und in Spalten schneiden. Dann mit Ingwer, Sirup und Orangensaft in einer Schüssel mischen. Die fertige Mischung in die vorbereitete Form geben.

3 Für die Streusel das Mehl in eine Schüssel sieben. Die Margarine mit den Fingern darin verreiben, bis ein krümeliger Teig entsteht. Mandeln, Haferflocken und Sirup zugeben und gut unterrühren.

4 Die Streusel gleichmäßig über die Birnenmischung in der Form verteilen.

5 Den fertigen Auflauf in einem vorgeheizten Backofen bei 190 °C 30 Minuten goldbraun backen.

Variation

Rühren Sie in Schritt 3, je nach Belieben, 1 Teelöffel vermischte Gewürze unter das Mehl.

Evas Apfelauflauf

Dies ist ein sehr beliebter Auflauf mit weichen Äpfeln als Boden und einem Rührteig als Belag.

2

4

5

Für 6 Personen

450 g Kochäpfel, geschält, entkernt und in Scheiben geschnitten
75 g Kristallzucker
1 EL Zitronensaft
50 g Rosinen
75 g Butter
75 g feiner Zucker
1 Ei, verquirlt
150 g Mehl
1 1/2 TL Backpulver
3 EL Milch
25 g gehobelte Mandeln

Vanillesauce oder Crème double, zum Servieren

1 Eine Auflaufform (etwa 850 ml Inhalt) einfetten.

2 Äpfel, Kristallzucker, Zitronensaft und Rosinen gut mischen und in die vorbereitete Form geben.

3 Butter und Zucker schaumig rühren. Dann nach und nach das Ei zugeben.

4 Mehl und Backpulver sorgfältig mischen und vorsichtig unter die Buttermischung heben. Dann die Milch einrühren, bis ein weicher, flüssiger Teig entsteht.

5 Den Teig über die Äpfel gießen und mit den Mandeln bestreuen.

6 Den so vorbereiteten Auflauf in einem vorgeheizten Backofen bei 180 °C 40–45 Minuten goldbraun backen.

7 Den Auflauf noch heiß mit Vanillesauce oder Crème double servieren.

Tipp

Für einen stärkeren Mandelgeschmack 25 g gemahlene Mandeln mit dem Mehl in Schritt 4 vermengen.

Schoko-Karamell-Pudding

Die perfekte Nachspeise für kalte Wintertage – und in der Mikrowelle ist sie noch einmal so schnell gemacht.

Für 6 Personen

150 g weiche Margarine
150 g Mehl
1 1/2 TL Backpulver
150 ml heller Zuckerrübensirup
3 Eier
25 g Kakaopulver

SCHOKO-KARAMELL-SAUCE
100 g Zartbitterschokolade
125 ml gesüßte Kondensmilch
4 EL Crème double

1 Eine Puddingform (1,2 l Inhalt) leicht einfetten.

2 Die Zutaten für den Pudding mit dem Handrührgerät zu einem glatten Teig verarbeiten.

3 Den Teig in die Form geben, glatt streichen und ein passend zugeschnittenes Stück Backpapier darüber legen. Ein Stück gefaltelte Alufolie über die Puddingform legen und festbinden. 90–120 Minuten im Wasserbad dämpfen, bis der Pudding fest ist und beim Andrücken leicht nachgibt.

4 Für die Sauce die Schokolade in kleine Stücke brechen, in einen Topf geben und bei schwacher Hitze in der Kondensmilch auflösen.

2

3

5

5 Vom Herd nehmen und die Crème double einrühren.

6 Den Pudding zum Servieren auf einen Servierteller stürzen und mit etwas heißer Sauce übergießen. Den Rest der Sauce separat reichen.

Tipp

In der Mikrowelle den Pudding 4 Minuten auf höchster Stufe backen, dabei einmal umrühren. Vor dem Stürzen mindestens 5 Minuten stehen lassen, inzwischen die Sauce zubereiten: Die Schokolade in kleine Stücke brechen und zusammen mit der Kondensmilch in eine mikrowellengeeignete Schale geben. Auf höchster Stufe 1 Minute erwärmen, dann umrühren, bis die Schokolade geschmolzen ist. Die Crème double einrühren und servieren.

Apfelpfannkuchen mit Schokolade

Wer am Morgen bereits Schokolade mag, für den sind diese Pfannkuchen genau das Richtige.

Für 6 Personen

225 g Mehl
1 1/2 TL Backpulver
50 g feiner Zucker
1 Ei
1 EL Butter, zerlassen
300 ml Milch
1 Apfel
50 g Zartbitter-Schokoladenraspel

heiße Schokoladensauce (siehe Seite 283) oder Ahornsirup, zum Servieren

Variation

Natürlich können Sie auch Vollmilchschokoladenraspel verwenden.

Tipp

Die Pfannkuchen bleiben besser warm, wenn Sie sie aufeinander stapeln. Legen Sie jeweils etwas Backpapier dazwischen, damit sie nicht verkleben.

1

3

4

1 Mehl und Backpulver in eine Schüssel sieben. Den Zucker unterrühren. Eine Mulde in die Mitte drücken. Ei und Butter hineingießen. Nach und nach die Milch einrühren, bis ein glatter Teig entsteht.

2 Den Apfel schälen, entkernen, reiben und mit den Schokoladenraspel unter den Teig mischen.

3 Eine Pfanne bei mittlerer Hitze erwärmen und leicht einfetten. Für jeden Pfannkuchen 2 Esslöffel Teig in die Pfanne geben und zu einem Kreis formen.

4 Die Pfannkuchen einige Minuten backen, bis sich auf der Oberfläche Blasen bilden. Wenden und 1 weitere Minute backen. Aus der Pfanne nehmen und warm halten. Den Vorgang mit dem restlichen Teig wiederholen. Es sollten etwa 12 Pfannkuchen werden.

5 Jeweils 2 oder 3 Pfannkuchen auf einem Teller stapeln und mit heißer Schokoladensauce oder Ahornsirup servieren.

Schokoladen-Tiramisù

Diese Löffelbiskuit-Schichttorte ist eine leicht modernisierte Version der grandiosen italienischen Nachspeise.

1

1

Tipp

Tiramisù kann auch wie Eiscreme halb gefroren serviert werden. Hierfür das Tiramisù 2 Stunden ins Tiefkühlfach geben, kurz antauen lassen und sofort servieren.

Für 6 Personen

300 g Zartbitterschokolade
400 g Mascarpone
150 g Crème double, steif geschlagen
400 ml schwarzer Kaffee mit
50 g Zucker gesüßt, gekühlt
6 EL Rum oder Weinbrand
36 Löffelbiskuits (ca. 400 g)

Kakaopulver, zum Bestäuben

Variation

Wenn Sie mögen, fügen Sie der Schokoladen-Mascarpone-Mischung noch 50 g gehackte Haselnüsse zu.

2

1 Die Schokolade langsam im Wasserbad schmelzen, dabei gelegentlich umrühren. Leicht abkühlen lassen, dann mit dem Mascarpone unter die Crème double heben.

2 Kaffee und Rum oder Weinbrand in eine Schüssel gießen und die Löffelbiskuits kurz hineintauchen, sodass sie die Flüssigkeit aufsaugen, ohne zu zerfallen.

3 Je 3 Biskuits auf 4 Serviertellern nebeneinander legen.

4 Eine Schicht Mascarpone-Schokoladen-Mischung darüber löffeln.

5 Quer zur ersten Schicht eine weitere Schicht Biskuits auflegen, eine weitere Schicht Füllung darüber streichen und mit einer Schicht Biskuits abschließen.

6 Für mindestens 1 Stunde in den Kühlschrank stellen und vor dem Servieren mit etwas Kakaopulver bestäuben.

Schokoladen-Weinbrand-Torte

Ein Kuchen aus Ingwerkeksen und Schokolade, mit einer aparten Creme samtig-glatt überzogen, ergibt ein reizvolles Aussehen und einen wonnigen Geschmack.

Für 12 Personen

250 g Ingwerkekse
75 g Zartbitterschokolade
100 g Butter

FÜLLUNG
225 g Zartbitterschokolade
250 g Mascarpone
2 Eier, getrennt
3 EL Weinbrand
300 g Crème double
50 g Zucker

GARNIERUNG
100 ml Schlagsahne
Schokoladen-Kaffeebohnen

1

3

4

1 Die Kekse in einem Gefrierbeutel mit einem Nudelholz oder in einer Küchenmaschine zerkrümeln. Schokolade und Butter zusammen schmelzen und über die Krümel gießen. Gut vermischen. Rand und Boden einer Springform (24 cm Ø) mit der Masse auskleiden. Kalt stellen und unterdessen die Füllung zubereiten.

2 Die Zartbitterschokolade schmelzen, vom Herd nehmen und Mascarpone, Eigelb und Weinbrand unterrühren.

3 Die Crème double schlagen und unter die Schokoladenmischung heben.

4 Das Eiweiß in einer fettfreien Schüssel steif schlagen. Nach und nach Zucker zufügen und schlagen, bis der Eischnee fest und glänzend ist. In 2 Portionen sorgfältig unter die Schokoladenmischung heben.

5 Die Mischung in die Form füllen und für mindestens 2 Stunden kalt stellen. Vorsichtig auf eine Kuchenplatte heben. Für die Garnierung die Sahne schlagen und Rosetten auf den Kuchen spritzen. Die Kaffeebohnen auf die Spitzen setzen.

Variation

Anstatt der Kaffeebohnen können Sie auch Rosinen verwenden.

Profiteroles mit Bananensahne

Gefüllte Profiteroles mit Schokoladensauce sind ein beliebtes Dessert. Mit dieser delikaten Bananensahne haben Sie eine ebenso perfekte Kombination.

Für 4–6 Personen

60 g Butter
150 ml Wasser
90 g Mehl, gesiebt
2 Eier

SCHOKOLADENSAUCE
100 g Zartbitterschokolade, in kleinen Stücken
2 EL Wasser
50 g Puderzucker
25 g Butter

FÜLLUNG
300 g Crème double
1 Banane
25 g Puderzucker
2 EL Bananenlikör

1 Ein Backblech leicht einfetten und mit etwas Wasser besprenkeln. Für den Teig die Butter in kleine Stücke schneiden und mit dem Wasser erhitzen, bis sie geschmolzen ist, dann kurz aufkochen. Den Topf vom Herd nehmen und das Mehl auf einmal zugeben und kräftig rühren, bis sich der Teig vom Topfrand löst und einen Klumpen bildet.

1

1

Leicht abkühlen lassen, dann unter ständigem Rühren nach und nach die Eier zugeben, bis ein glatter, glänzender Teig entsteht. Den Teig in einen Spritzbeutel mit Lochtülle (10 mm Ø) füllen.

2 18 kleine Teigbällchen auf das Backblech spritzen, dabei auf genügend Abstand achten. Im vorgeheizten Backofen bei 220 °C 15–20 Minuten knusprig backen. Aus dem Backofen nehmen und seitlich je einen kleinen Schlitz schneiden, damit der Dampf entweichen kann. Auf einem Kuchengitter abkühlen lassen.

3 Für die Sauce Zartbitterschokolade, Wasser, Puderzucker und Butter im Wasserbad erhitzen und zu einer glatten Sauce verrühren.

2

4 Die Crème double steif schlagen, die Bananen zerdrücken und mit Zucker und Likör verrühren. Die Masse unter die Crème heben. In einen Spritzbeutel mit Lochtülle (10 mm Ø) füllen und die Profiteroles mit der Bananensahne füllen. Mit Schokoladensauce übergießen und servieren.

Schokorolle

Durch die Zugabe von Nüssen und Rosinen wird die Schokorolle besonders rustikal und schmeckt ähnlich wie Schokobrownies.

3

4

5

Ergibt 14–18 Stück

150 g Zartbitterschokolade, grob gehackt
3 EL Wasser
5 Eier, getrennt
175 g feiner Zucker
25 g Rosinen, gehackt
25 g Pekannüsse, gehackt
1 Prise Salz
300 g Crème double, leicht geschlagen

Puderzucker, zum Bestäuben

1 Eine flache Backform (30 cm x 20 cm) einfetten und mit Backpapier auslegen.

2 Die Schokolade mit dem Wasser in einem kleinen Topf vorsichtig schmelzen. Dann etwas abkühlen lassen.

3 Eigelb und Zucker 2–3 Minuten verquirlen, bis eine dickflüssige Creme entsteht.

4 Schokolade, Rosinen und Pekannüsse unterrühren.

5 Das Eiweiß mit dem Salz steif schlagen. Erst ein Viertel des Eischnees, dann den Rest nach und nach unter die Schokoladenmischung heben.

6 Den so entstandenen Teig in die vorbereitete Form füllen und in einem vorgeheizten Backofen bei 180 °C 25 Minuten backen, bis er eben fest geworden ist. Kurz abkühlen lassen, dann mit Backpapier und einem feuchten, sauberen Geschirrtuch abdecken und vollständig auskühlen lassen.

7 Den Teig auf ein zweites, mit Puderzucker bestäubtes Stück Backpapier stürzen. Das obere Papier entfernen.

8 Die Crème double auf dem Teig verstreichen. Von einer kurzen Seite aus den Teig vom Körper weg einrollen. Dabei das Papier zu Hilfe nehmen. Die Enden der fertigen Rolle gerade schneiden, die Rolle auf eine Kuchenplatte legen und bis zum Verzehr kalt stellen. Nach Belieben mit Puderzucker bestäuben.

Cremiger Schokoladenauflauf

Die Mischung trennt sich während des Backens in eine cremige, kuchenartige Ober- und eine delikate, schokoladene Unterschicht.

Für 4 Personen

300 ml Milch
75 g Zartbitterschokolade
2–3 Tropfen Vanillearoma
100 g feiner Zucker
100 g Butter
150 g Mehl
1 1/2 TL Backpulver
2 EL Kakaopulver

Puderzucker, zum Bestäuben

SAUCE
3 EL Kakaopulver
50 g Muskovado-Zucker
300 ml heißes Wasser

1 Eine Auflaufform (850 ml Inhalt) leicht einfetten.

2 Die Milch in einen kleinen Topf gießen. Die Schokolade in Stücke brechen und zugeben. Unter Rühren die Schokolade vorsichtig schmelzen. Leicht abkühlen lassen. Das Vanillearoma zufügen.

2

3

4

Variation

Für eine Mokkasauce 1 Esslöffel Instantkaffee in Schritt 4 mit Kakaopulver und Zucker vermischen.

3 Zucker und Butter schaumig rühren. Mehl, Backpulver und Kakao sieben, zu der Schokoladenmilch geben und am besten mit einem Handrührgerät zu einem glatten Teig verarbeiten. Diesen in die Form füllen.

4 Für die Sauce Kakao und Zucker vermischen. Etwas Wasser zufügen und zu einer glatten Paste verrühren, dann das restliche Wasser einrühren. Die Sauce über den Teig gießen, aber nicht verrühren.

5 Den Auflauf im vorgeheizten Backofen bei 180 °C 40 Minuten backen, bis er oben trocken ist und beim Andrücken leicht nachgibt. 5 Minuten in der Form stehen lassen und vor dem Servieren mit Puderzucker bestäuben.

Schoko-Bananen-Crêpes

Die gehaltvollen Pfannkuchen sind ein wunderbares und vor allem stressfreies Dessert, denn Sie können sie bereits vorher zubereiten.

2

Für 4 Personen

3 große Bananen
6 EL Orangensaft
abgeriebene Schale von 1 Orange
2 EL Orangen- oder Bananenlikör

HEISSE SCHOKOLADENSAUCE
1 EL Kakaopulver
2 TL Speisestärke
3 EL Milch
40 g Zartbitterschokolade
15 g Butter
175 ml heller Zuckerrübensirup
2 Tropfen Vanillearoma

CREÊPES
100 g Mehl
1 TL Kakaopulver
1 Ei
1 TL Sonnenblumenöl
300 ml Milch
Öl, zum Ausbacken

3

3

1 Die Bananen schälen und in Scheiben schneiden, mit Orangensaft, Orangenschale und Likör in eine Schüssel geben und beiseite stellen.

2 Kakaopulver und Speisestärke mischen, die Milch zugießen und einrühren. Die Schokolade in kleine Stücke brechen und mit Butter und Sirup in einem kleinen Topf zum Schmelzen bringen, gut verrühren. Die Kakaomischung zugießen und unter Rühren bei schwacher Hitze aufkochen und 1 Minute köcheln lassen. Vom Herd nehmen und das Vanillearoma zugeben.

3 Für die Crêpes Mehl und Kakaopulver in eine Schüssel sieben und in die Mitte eine Vertiefung drücken. Ei und Sonnenblumenöl in die Mulde gießen. Nach und nach die Milch einrühren, bis ein glatter Teig entsteht. Das Öl in einer gusseisernen Pfanne erhitzen, etwas Teig zugeben und die Pfanne schwenken, bis der Teig den Boden ganz bedeckt. Bei mittlerer Hitze backen, bis die Unterseite leicht gebräunt ist, dann wenden und auf der anderen Seite goldbraun backen. Warm stellen, bis alle Crêpes gebacken sind.

4 Zum Servieren die Schokoladensauce erwärmen, die Pfannkuchen mit den Bananenscheiben füllen und zu Dreiecken falten. Mit etwas Sauce übergießen und servieren.

Schoko-Karamell-Nusskranz

Dieser appetitliche Kuchen schmeckt nicht nur kalt, sondern vor allem, wenn er noch warm als Nachspeise gereicht wird.

2

3

Ergibt 6–8 Stück

SCHOKO-KARAMELL
- 40 g Butter
- 40 g Muskovado-Zucker
- 4 EL heller Zuckerrübensirup
- 2 EL Milch
- 1 EL Kakaopulver
- 40 g Zartbitterschokolade
- 50 g Pekannüsse, fein gehackt

KUCHEN
- 100 g weiche Margarine
- 100 g Muskovado-Zucker
- 125 g Mehl
- 1 1/4 TL Backpulver
- 2 Eier
- 2 EL Milch
- 1 EL Ahornsirup

4

1 Eine Napfkuchenform (20 cm Ø) leicht einfetten.

2 Für die Schoko-Karamell-Sauce Butter, Zucker, Sirup, Milch und Kakaopulver unter ständigem Rühren in einem Topf erhitzen, bis alle Zutaten gut vermischt sind.

3 Die Schokolade in kleine Stücke brechen und in der Mischung auflösen, dann die Nüsse zugeben. Die Mischung in die Form gießen und abkühlen lassen.

4 Für den Kuchen die Zutaten mit dem Handrührgerät zu einem Teig verarbeiten. Den Teig über die Schoko-Karamell-Sauce in die Form geben.

5 Im vorgeheizten Backofen bei 180 °C 35 Minuten backen, bis der Kuchen beim Andrücken leicht nachgibt.

6 Den Kuchen 5 Minuten abkühlen lassen, dann vorsichtig auf eine Servierplatte stürzen.

Tipp

In der Mikrowelle: Butter, Zucker, Sirup, Milch und Kakaopulver in eine mikrowellengeeignete Schüssel geben und auf höchster Stufe 2 Minuten erhitzen, insgesamt zweimal umrühren. Die Schokolade in der Mischung auflösen und die Nüsse einrühren. In eine mikrowellengeeignete Ringform (1 Liter Inhalt) geben und auf höchster Stufe 3–4 Minuten backen, bis der Kuchen oben gerade fest ist. 5 Minuten stehen lassen.

Apfeltorte mit Schokoplätzchen

Dieser schokoladengespickte Apfelkuchen aus Mürbeteig ist schnell und leicht gemacht und wird garantiert rasch zu einem Ihrer Lieblingskuchen.

Ergibt 6–8 Stück

4 EL Kakaopulver
200 g Mehl
100 g weiche Butter
50 g feiner Zucker
2 Eigelb
5 Tropfen Vanillearoma
kaltes Wasser nach Bedarf

Vanilleeis oder Schlagsahne, zum Servieren

FÜLLUNG
750 g Kochäpfel
25 g Butter
1/2 TL gemahlener Zimt
50 g Zartbitter-Schokoladenraspel
Eiweiß, verquirlt
1/2 TL feiner Zucker

1 Für den Teig Kakaopulver und Mehl in eine Schüssel sieben. Die Butter in Flöckchen zugeben und mit den Fingern verreiben, bis ein krümeliger Teig entsteht. Den Zucker einrühren. Eigelb, Vanillearoma und genügend Wasser zufügen, um einen glatten Teig zu erhalten.

2 Den Teig auf einer leicht mit Mehl bestäubten Arbeitsfläche ausrollen und eine Springform (20 cm Ø) oder Auflaufform damit auslegen. Für 30 Minuten in den Kühlschrank stellen. Etwas Teig zurückbehalten, ausrollen und Verzierungen ausschneiden.

3

4

3 Die Äpfel schälen und in dicke Spalten schneiden. Die Hälfte der Äpfel mit Butter und Zimt in einen Topf geben und bei schwacher Hitze weich kochen, dabei gelegentlich umrühren.

4 Die ungekochten Apfelspalten zugeben, die Mischung leicht abkühlen lassen, dann die Schokoladenraspel einrühren. Den Teigboden mit der Gabel mehrmals einstechen, dann die Apfelmischung darüber geben. Die Teigverzierungen obenauf arrangieren, mit etwas verquirltem Eiweiß bestreichen und mit Zucker bestreuen.

4

5 Im vorgeheizten Backofen bei 180 °C 35 Minuten backen, bis der Kuchen knusprig ist. Warm oder kalt mit Vanilleeis oder Schlagsahne servieren.

Himbeertürmchen

Für dieses himmlische Sommerdessert werden zwei Kuchenböden aus Mürbeteig wie ein Sandwich mit einer Himbeer-Sahne-Creme belegt.

Ergibt 6–8 Stück

175 g Mehl
2 TL Backpulver
100 g Butter, in kleinen Stücken
75 g feiner Zucker
1 Eigelb
1 EL Rosenwasser
600 g Schlagsahne, leicht geschlagen
225 g Himbeeren

ZUM GARNIEREN
Puderzucker
Himbeeren
frische Minzeblätter

Tipp

Die Böden können einige Tage zuvor gebacken und in einem luftdichten Behälter gelagert werden.

3

4

1 2 Backbleche leicht einfetten.

2 Für den Mürbeteig Mehl und Backpulver in eine Schüssel sieben.

3 Die Butter mit den Fingern in der Mehlmischung verreiben, bis ein krümeliger Teig entsteht.

4 Zucker, Eigelb und Rosenwasser einrühren und alles zu einem weichen Teig verarbeiten. Den Teig in zwei Hälften teilen.

5 Beide Teighälften zu Kreisen (20 cm Ø) ausrollen, auf die vorbereiteten Backbleche legen und an den Rändern leicht einkräuseln.

5

6 Die Teigkreise in einem vorgeheizten Backofen bei 190 °C 15 Minuten backen, bis sie leicht gebräunt sind. Dann auf einem Kuchengitter auskühlen lassen.

7 Die Himbeeren unter die Sahne heben und die Mischung auf einen der Kuchenböden streichen. Den anderen Boden darüber legen und mit etwas Puderzucker bestreuen. Mit einigen Himbeeren und Minzeblättern garnieren.

Pavlova

Dieses traumhafte Dessert kommt ursprünglich aus Australien. Servieren Sie es mit säuerlichen Früchten, um die Süße des Bodens auszugleichen.

Ergibt 6–8 Stück

3 Eiweiß
1 Prise Salz
175 g feiner Zucker
300 g Crème double, leicht geschlagen
frische Früchte nach Wahl, z. B. Himbeeren, Erdbeeren, Pfirsiche, Maracujas und Physalis

1 Ein Backblech mit Backpapier auslegen.

2 Das Eiweiß mit dem Salz steif schlagen.

3 Nach und nach den Zucker unterrühren.

4 Drei Viertel des Eischnees in Form eines Kreises (etwa 20 cm Ø) auf das Backblech streichen.

5 Den restlichen Eischnee auf den Rand des Kreises verteilen, sodass ein Nest entsteht.

6 Das Eischneenest in einem vorgeheizten Backofen bei 140 °C 75 Minuten backen.

7 Den Backofen abschalten, aber die Pavlova nicht herausnehmen, sondern im Backofen vollständig auskühlen lassen.

8 Die Pavlova auf eine Kuchenplatte legen. Mit der geschlagenen Crème double bestreichen und mit der Früchtemischung belegen.

Tipp

Um eine gleichmäßig runde Form für den Eischneeboden zu erhalten, ist es sinnvoll, sich vorher einen entsprechenden Kreis auf das Backpapier zu zeichnen.

2

Tipp

Die Pavlova sollte am Vortag zubereitet und bis zum nächsten Tag im ausgeschalteten Backofen gelassen werden.

3

5

Brombeerauflauf

Eine verführerische Süßspeise, die Sie am besten mit frischen Brombeeren zubereiten. Sie können aber auch andere Beeren, wie Stachelbeeren, verwenden.

1 Eine Auflaufform (etwa 850 ml Inhalt) einfetten.

2 Die Brombeeren und den feinen Zucker in einer großen Schüssel vorsichtig, aber gründlich vermengen.

3 Die so entstandene Mischung in die vorbereitete Form geben.

6 Den Teig über die gezuckerten Brombeeren gießen, sodass die Früchte ganz bedeckt sind.

7 Den so vorbereiteten Auflauf in einem vorgeheizten Backofen bei 180 °C 25–30 Minuten goldbraun backen.

8 Mit ein wenig Zucker bestreuen und noch heiß servieren.

Für 4 Personen

450 g Brombeeren
75 g feiner Zucker
1 Ei
75 g brauner Zucker
75 g Butter, zerlassen
8 EL Milch
125 g Mehl
11/4 TL Backpulver

Zucker, zum Bestreuen

3

5

4 Das Ei und den braunen Zucker verquirlen. Dann die Butter und die Milch einrühren.

5 Mehl und Backpulver vermengen, in die Milchmischung sieben und alles vorsichtig zu einem glatten Teig verarbeiten.

6

Variation

Für einen leichten Schokogeschmack das Mehl in Schritt 5 mit 2 Esslöffeln Kakao vermengen und in den Teig geben.

Birnennester

Schneller und einfacher geht es kaum. Dabei sind die Birnennester sehr exotisch und kreativ: mit fertigem Blätterteig, Birnen und Ingwer.

2

5

Ergibt 6 Stück

250 g Blätterteig (Fertigprodukt), frisch oder Tiefkühlware aufgetaut
25 g brauner Zucker
25 g Butter
1 EL kandierter Ingwer, fein gehackt
3 Birnen, halbiert und entkernt
Butter, zerlassen, zum Bestreichen

Schlagsahne, zum Servieren

6

Tipp

Einige Kugeln Vanilleeis ergeben eine köstliche Beilage.

1 Den Teig auf einer leicht mit Mehl bestäubten Arbeitsfläche ausrollen und 6 Kreise (10 cm Ø) daraus ausschneiden.

2 Die Kreise auf ein Backblech legen und 30 Minuten kalt stellen.

3 Zucker und Butter in einer Schüssel schaumig verquirlen. Dann den Ingwer unterrühren.

4 Die Teigkreise mit einer Gabel einstechen und mit der Ingwermischung bestreichen.

5 Die Birnenhälften längs einschneiden, sodass sie an der Spitze noch zusammenhängen. Dann ein wenig auffächern.

6 Jedes Teigstück mit einer aufgefächerten Birnenhälfte belegen. Die Teigränder einkerben und die Birnen mit Butter bestreichen.

7 Die so vorbereiteten Birnennester in einem vorgeheizten Backofen bei 200 °C 15–20 Minuten goldbraun backen. Warm mit etwas Sahne servieren.

Mincemeat-Weintrauben-Tasche

Durch die außergewöhnliche Füllung mit Mincemeat und Trauben sind diese Taschen besonders geeignet für festliche Anlässe, dabei sind sie schnell zubereitet.

4

5

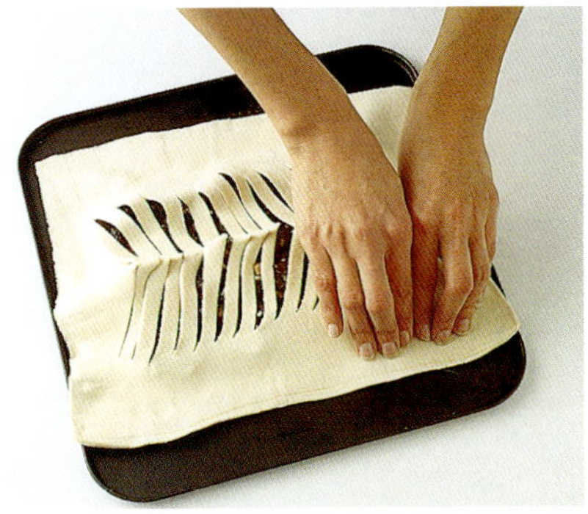

6

Ergibt 4–6 Stück

500 g Blätterteig (Fertigprodukt), frisch oder Tiefkühlware aufgetaut
400 g Mincemeat
100 g Weintrauben, halbiert und entkernt
1 Ei, verquirlt, zum Bestreichen
Demerara-Zucker, zum Bestreuen

Tipp

Für feierliche Anlässe 2 Esslöffel Sherry zum Mincemeat zugeben.

1 Ein Backblech leicht einfetten.

2 Den Teig auf einer leicht mit Mehl bestäubten Arbeitsfläche ausrollen und in 2 Rechtecke teilen.

3 Ein Teigrechteck auf das vorbereitete Backblech legen und die Ränder mit Wasser bestreichen.

4 Mincemeat und Weintrauben in einer Schüssel vermengen und die Mischung auf das auf dem Backblech liegende Teigstück verteilen, dabei einen Rand von 2,5 cm lassen.

5 Das zweite Teigstück längs falten und entlang der Faltkante mehrere Male schräg einschneiden, dabei einen Rand von etwa 2,5 cm stehen lassen.

6 Das so vorbereitete Teigstück wieder aufklappen, über das belegte Rechteck auf dem Backblech legen und die aufeinander liegenden Ränder gut zusammendrücken.

7 Die Teigränder leicht einkräuseln. Die Teigoberfläche mit dem Ei bestreichen und mit Zucker bestreuen.

8 Die so vorbereitete Tasche in einem vorgeheizten Backofen bei 220 °C 15 Minuten backen. Dann die Hitze auf 180 °C reduzieren und die Tasche weitere 30 Minuten goldbraun backen. Auf ein Kuchengitter legen und vor dem Servieren auskühlen lassen.

Gestürzter Ananaskuchen

Der Kuchen wird nach dem Backen gestürzt. Er ist auch sehr gut für Veganer geeignet.

Ergibt 6–8 Stück

450 g ungesüßte Ananasstücke aus der Dose, abgetropft und Saft aufgefangen
4 TL Maismehl
50 g brauner Zucker
50 g Pflanzenmargarine, in kleinen Stücken
125 ml Wasser
abgeriebene Schale von 1 Zitrone

BISKUIT
50 ml Sonnenblumenöl
75 g brauner Zucker
150 ml Wasser
150 g Mehl
2 TL Backpulver
1 TL gemahlener Zimt

1 Eine Springform (18 cm Ø) einfetten. Ananassaft und Maismehl verrühren, mit Zucker, Margarine und Wasser in einen Topf geben und bei schwacher Hitze unter Rühren erwärmen, bis der Zucker aufgelöst ist. Dann die Hitze erhöhen, die Masse zum Kochen bringen und 2–3 Minuten köcheln lassen, bis sie eindickt. Etwas abkühlen lassen.

2

3

2 Für den Teig Öl, Zucker und Wasser in eine Pfanne geben. Vorsichtig erhitzen, bis der Zucker gelöst ist. Abkühlen lassen. Mehl, Backpulver und Zimt in eine Schüssel sieben. Die Hälfte des abgekühlten Zuckersirups darüber gießen und alles zu einem glatten Teig verquirlen.

3 Ananasstücke und Zitronenschale in die vorbereitete Form geben und mit 4 Esslöffeln des zurückbehaltenen Ananassirups übergießen. Dann den Teig auf der Früchtemasse verteilen.

4 Den Kuchen in einem vorgeheizten Backofen bei 180 °C 35–40 Minuten backen, bis ein in die Mitte gestochener Metallspieß sauber bleibt. Dann stürzen, 5 Minuten abkühlen lassen, aus der Form nehmen und mit dem restlichen Sirup servieren.

3

Variation

25 g Rosinen zu den Ananasstücken geben.

Crème-Brûlée-Törtchen

Servieren Sie diese Törtchen mit frischem Obst.

2

4

Ergibt 6 Stück

150 g Mehl
25 g feiner Zucker
125 g Butter, in kleinen Stücken
1 EL Wasser

FÜLLUNG
4 Eigelb
50 g feiner Zucker
400 g Crème double
5 Tropfen Vanillearoma
Demerara-Zucker, zum Bestreuen

1 Mehl und Zucker in eine Schüssel geben. Die Butter mit den Fingern in der Mischung verreiben. Das Wasser zufügen und alles zu einem weichen Teig verarbeiten. Den Teig in Frischhaltefolie wickeln und 30 Minuten kalt stellen.

2 Den Teig ausrollen und in 6 Torteletteförmchen (10 cm Ø) einpassen. Mit einer Gabel einstechen und weitere 20 Minuten kalt stellen.

3 Den Teig mit Alufolie und Backbohnen bedecken und in einem vorgeheizten Backofen bei 190 °C 15 Minuten blindbacken. Folie und Bohnen entfernen und den Teig weitere 10 Minuten backen.

4 Eigelb und Zucker verquirlen. Crème double und Aroma erhitzen und unter ständigem Rühren zu der Eimischung gießen.

5 Die so entstandene Sahnecreme in einen Topf geben und unter Rühren erneut erwärmen, bis sie eindickt. Nicht aufkochen, da sie sonst gerinnt.

6 Die Creme etwas abkühlen lassen, auf die Torteletteförmchen verteilen, auskühlen lassen und über Nacht kalt stellen.

7 Mit Demerara-Zucker bestreuen, einige Minuten unter einen heißen Grill schieben und 2 Stunden kalt stellen.

7

Königinnen-Dessert

Ein leicht verändertes Rezept der klassischen Süßspeise mit Orangenschale und -marmelade, die dem Dessert ein herrliches Aroma verleihen.

Für 8 Personen

600 ml Milch
25 g Butter
225 g feiner Zucker
fein abgeriebene Schale von 1 Orange
4 Eier, getrennt
75 g Semmelbrösel
1 Prise Salz
6 EL Orangenmarmelade

1 Eine Auflaufform (etwa 1,5 l Inhalt) einfetten.

2 Milch, Butter, 50 g Zucker und die Orangenschale in einem Topf erwärmen.

3 Das Eigelb in einer Schüssel verquirlen. Unter ständigem Rühren nach und nach die Milchmischung zugeben.

4 Anschließend die Semmelbrösel einrühren. Die Creme in die vorbereitete Form geben und 15 Minuten ruhen lassen.

5 Die Creme in einem vorgeheizten Backofen bei 180 °C 20–25 Minuten backen, bis sie stockt. Dann aus dem Backofen nehmen, den Backofen aber nicht ausschalten.

6 Das Eiweiß mit Salz steif schlagen. Nach und nach den restlichen Zucker unterrühren.

7 Die Orangenmarmelade auf der gebackenen Creme verteilen. Den Eischnee darüber geben, sodass Creme und Marmelade gänzlich bedeckt sind.

8 Das Dessert weitere 20 Minuten in dem noch heißen Backofen backen, bis der Eischnee knusprig und leicht gebräunt ist.

3

6

7

Tipp

Falls Sie einen dunkleren Eischnee bevorzugen, backen Sie das Dessert 5 Minuten länger.

Schokoladen-Charlotte

Dies ist eine schmackhafte Variation des klassischen Desserts, gefüllt mit einer Art Mousse au Chocolat, umrahmt von Löffelbiskuits.

2

3

Ergibt 6–8 Stück

ca. 22 Löffelbiskuits
4 EL Orangenlikör
250 g Zartbitterschokolade
150 g Crème double
4 Eier
150 g feiner Zucker

GARNIERUNG
150 g Schlagsahne
2 EL feiner Zucker
2–3 Tropfen Vanillearoma
große Schokoladenspäne, Schokoladenblätter oder andere Schokoladenformen

1 Den Boden einer Charlotten-Form oder einer tiefen Springform (18 cm Ø) mit Backpapier auslegen.

2 Die Löffelbiskuits auf ein Backblech legen und mit der Hälfte des Orangenlikörs tränken. Die Löffelbiskuits an den Wänden der Springform aufstellen. Sie müssen ganz dicht aneinander stehen, den letzten Biskuit gegebenenfalls passend zuschneiden.

3 Die Schokolade in kleine Stücke brechen und im Wasserbad schmelzen. Vom Herd nehmen und die Crème double sorgfältig einrühren.

4 Die Eier trennen und das Eiweiß in eine große fettfreie Schüssel geben. Das Eigelb unter die Schokoladenmischung rühren.

5 Das Eiweiß steif schlagen, dann allmählich den Zucker zufügen, bis der Schnee fest und glänzend ist. Das Eiweiß vorsichtig in 2 Portionen unter die Schokoladenmischung heben. Alles in die Mitte der Springform füllen. Die Löffelbiskuits bis zur Höhe der Schokoladenmischung abschneiden. Für mindestens 5 Stunden kalt stellen.

6 Für die Garnierung die Sahne mit Zucker und Vanillearoma schlagen. Die Charlotte auf einen Kuchenteller stürzen. Sahnerosetten rund um die Charlotte spritzen und mit Schokoladenspänen und -blättern oder anderen Formen garnieren.

5

Schoko-Baiser-Torte

Die Kekstorte mit ihrer sahnigen Schokoladenfüllung und der leichten und lockeren Baiser-Glasur ist geradezu sündhaft lecker.

1

2

4

Ergibt 8–12 Stück

225 g Lebkuchen mit Schokolade
50 g Butter

FÜLLUNG
3 Eigelb
50 g feiner Zucker
4 EL Speisestärke
600 ml Milch
100 g Zartbitterschokolade, geschmolzen

BAISER
2 Eiweiß
100 g Zucker
3 Tropfen Vanillearoma

1 Die Lebkuchen in einen Gefrierbeutel füllen und mit dem Nudelholz zerdrücken. Die Butter zerlassen und in einer Schüssel mit den Lebkuchenkrümeln vermischen. Boden und Seiten einer Auflaufform (23 cm Ø) mit dem Teig auskleiden und gut andrücken.

2 Für die Füllung Eigelb, Zucker und Speisestärke im Mixer zu einer glatten Masse verrühren, eventuell etwas Milch zufügen. Die Milch bis kurz vor den Siedepunkt erhitzen und zur Eimischung gießen, gut verrühren.

3 Die Mischung wieder in den Topf gießen und unter ständigem Rühren leicht erhitzen, bis die Sauce eingedickt ist. Vom Herd nehmen und die geschmolzene Schokolade einrühren, dann über den Keksboden verteilen.

4 Für das Baiser das Eiweiß steif schlagen, bis der Eischnee steife Spitzen bildet. Nach und nach zwei Drittel des Zuckers zugeben, bis der Eischnee sehr steif und glänzend ist, dann den restlichen Zucker und das Vanillearoma unterheben.

5 Die Baisermasse vorsichtig auf der Torte verteilen, dabei mit einem Löffel dekorative Spitzen ziehen. Auf der mittleren Schiene im vorgeheizten Backofen bei 170 °C 30 Minuten backen, bis das Baiser oben goldgelb geworden ist. Noch warm servieren.

Mississippi Mud Pie

Noch ein amerikanischer Klassiker, dessen sämige Schokoladenfüllung an den dicken Schlamm des Mississippi erinnern soll.

Ergibt 8–12 Stück

225 g Mehl
25 g Kakaopulver
150 g Butter
25 g feiner Zucker
2 EL kaltes Wasser

FÜLLUNG
175 g Butter
350 g Muscovado-Zucker
4 Eier, leicht verquirlt
4 EL Kakaopulver, gesiebt
150 g Zartbitterschokolade
300 g Schlagsahne

GARNIERUNG
400 g Crème double, steif geschlagen
1 Riegel Blockschokolade

4

5

6

1 Mehl und Kakaopulver in eine Schüssel sieben und die Butter in Flöckchen zugeben. Mit den Fingern verreiben, bis die Mischung krümelig ist. Zucker und kaltes Wasser einarbeiten, bis ein weicher Teig entsteht.

2 Den Teig auf einer leicht mit Mehl bestäubten Arbeitsfläche ausrollen und eine Auflauf- oder Springform (24 cm Ø) damit auskleiden. Mit Backpapier oder Alufolie abdecken und mit Backbohnen beschweren. Im vorgeheizten Backofen bei 190 °C 15 Minuten blindbacken. Backbohnen und Papier bzw. Folie entfernen und weitere 10 Minuten knusprig backen.

3 Für die Füllung Butter und Zucker zu einer hellen, schaumigen Masse verrühren, unter ständigem Rühren nach und nach die Eier und das Kakaopulver zugeben. Die Schokolade im Wasserbad schmelzen und mit der Sahne in die Mischung einrühren.

4 Die Füllung über den Teig gießen und bei 170 °C 45 Minuten backen, bis die Füllung fest geworden ist.

5 Den Kuchen gut abkühlen lassen, dann auf einem Servierteller anrichten und die steif geschlagene Crème double darüber verteilen. Bis zum Servieren in den Kühlschrank stellen.

6 Mit dem Kartoffelschälmesser von der Blockschokolade Späne abraspeln und die Torte damit garnieren.

Schokoladen-Haselnuss-Töpfchen

„Schokoladenmäulchen" lieben dieses cremige Dessert mit Zartbitterschokolade und Nuss-Nougat-Creme, die dem Ganzen einen haselnussigen Geschmack verleiht.

Für 6 Personen

2 Eier
2 Eigelb
15 g Zucker
1 TL Speisestärke
600 ml Milch
75 g Zartbitterschokolade
4 EL Nuss-Nougat-Creme

geriebene Schokolade oder große Schokoladenspäne (siehe Seite 50), zur Garnierung

1 Eier, Eigelb, Zucker und Speisestärke sorgfältig mischen. Die Milch fast bis zum Siedepunkt erhitzen.

2 Die Milch unter die Eimischung gießen, dabei kräftig verquirlen. Die Schokolade und die Nuss-Nougat-Creme in einem heißen Wasserbad schmelzen und unter die Masse rühren.

2

3

3

3 Die Mischung in 6 kleine Auflaufförmchen gießen und mit Alufolie abdecken. Die Förmchen in eine Backform stellen. Kochendes Wasser in die Form gießen, bis die Förmchen zur Hälfte im Wasser stehen.

4 Im vorgeheizten Backofen bei 160 °C 35–40 Minuten backen, bis die Masse fest wird. Aus der Form nehmen und abkühlen lassen. Bis zum Verzehr in den Kühlschrank stellen. Mit geriebener Schokolade oder Schokoladenspänen garnieren und servieren.

Tipp

Traditionell wird dieses Gericht in kleinen Creme-Förmchen zubereitet. Ramequin-Förmchen sind besonders geeignet. Sie können aber auch eine große Form verwenden, müssen die Speise dann aber 1 Stunde backen.

Tipp

Die Alufolie verhindert, dass sich eine Haut auf der Creme bildet.

Schoko-Vanille-Creme

Sie ist einfach unwiderstehlich, diese sahnige Dessertcreme. Reichen Sie knusprige Dessertkekse oder Makronen dazu.

Für 4 Personen

450 g Crème double
75 g feiner Zucker
1 Vanilleschote
200 g Crème fraîche
2 TL gemahlene Gelatine
3 EL Wasser
50 g Zartbitterschokolade

SCHOKO-GARNIERUNGEN
weiße Schokolade, geschmolzen
Zartbitterschokolade, geschmolzen

1

6

6

1 Crème double und Zucker in einem Topf verrühren und erhitzen. Die Vanilleschote längs aufschlitzen und zugeben. Den Zucker bei schwacher Hitze unter Rühren auflösen und alles aufkochen. Die Hitze reduzieren und 2–3 Minuten leise köcheln lassen.

2 Den Topf vom Herd nehmen, die Vanilleschote entfernen und die Crème fraîche einrühren.

3 Die Gelatine in das Wasser einstreuen und quellen lassen, im Wasserbad auflösen und unter die Sahnemischung rühren. Die Hälfte der Mischung in eine andere Rührschüssel geben und beiseite stellen.

4 Die Zartbitterschokolade schmelzen und unter eine Hälfte der Sahnemischung rühren. Diese auf 4 Serviergläser verteilen und 10–15 Minuten in den Kühlschrank stellen, bis sie eben fest geworden ist. Die Vanillemischung derweil auf Zimmertemperatur halten.

5 Die Vanillemischung auf die Schokoladenschicht gießen und wieder in den Kühlschrank stellen.

6 Unterdessen die Garnierung zubereiten. Backpapier zu einer Tüte drehen und die Spitze abschneiden, die weiße Schokolade hineinfüllen. Die Zartbitterschokolade dünn auf einem Bogen Backpapier auftragen und sofort mit der weißen Schokolade kreuz und quer Linien darüber spritzen. Mit einem Holzspieß marmorieren. Wenn die Schokolade gerade eben fest geworden ist, mit einem Plätzchenausstecher oder einem scharfen Messer Herzen oder andere Formen ausstechen. In den Kühlschrank stellen, bis sie ganz fest geworden sind, und die Desserts vor dem Servieren mit ihnen garnieren.

Schoko-Minz-Dessert

Schokolade und Pfefferminz bilden eine klassische Geschmackskombination, die in diesem Schicht-Dessert für das gewisse Etwas sorgt.

Für 6 Personen

300 g Crème double
150 g Sahnequark
25 g Puderzucker
1 EL Crème de Menthe
175 g Zartbitterschokolade

Schokolade, zum Garnieren

Tipp

Sie können die dekorativen Muster auch zunächst mit einem Stift auf das Backpapier zeichnen, dann das Papier umdrehen und mit der Schokolade die Linien nachziehen.

2

5

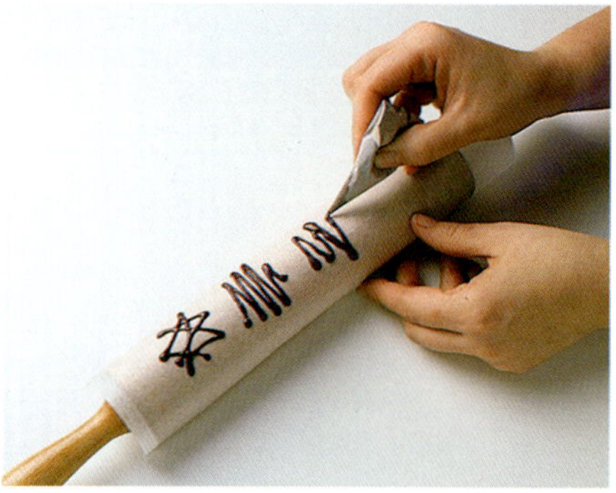

5

1 Die Crème double in eine Schüssel gießen und mit dem Handrührgerät steif schlagen.

2 Sahnequark und Puderzucker unterheben. Ein Drittel der Mischung in eine kleine Schüssel geben und mit der Crème de Menthe verrühren. Die Zartbitterschokolade schmelzen und unter die restliche Mischung heben.

3 Die Quarkmischungen abwechselnd in Serviergläser löffeln und ganz leicht verrühren, um einen Marmoreffekt zu erzielen. Bis zum Servieren in den Kühlschrank stellen.

4 Für die Garnierung die Schokolade im Wasserbad schmelzen, eine Tüte aus Backpapier drehen und die Spitze abschneiden, dann mit der Schokolade füllen.

5 Sterne, Blumen oder andere dekorative Muster auf einen Bogen Backpapier spritzen. Für leicht gebogene Verzierungen eine Kuchenrolle mit Backpapier bedecken (mit Klebeband befestigen) und die Muster darauf spritzen. Fest werden lassen und vorsichtig vom Papier abziehen.

6 Die Desserts entweder unmittelbar vor dem Servieren mit der Schokolade garnieren oder fertig garniert bis zum Servieren im Kühlschrank aufbewahren.

Schwarzwälder Kirsch-Trifle

Der deutsche Klassiker erscheint hier verkleidet als ein beliebtes britisches Dessert – eine gelungene Mischung der Kulturen.

2

6

7

Für 6 Personen

6 dünne Scheiben Schokoladen-Biskuitrolle mit Buttercreme
800 g Schattenmorellen (Glas)
2 EL Kirschwasser
1 EL Speisestärke
2 EL feiner Zucker
425 ml Milch
3 Eigelb
1 Ei
75 g Zartbitterschokolade
300 g Crème double, leicht geschlagen

GARNIERUNG
Zartbitterschokolade, geschmolzen
Maraschinokirschen (nach Belieben)

1 Den Boden einer großen Glasschüssel mit den Kuchenscheiben auslegen.

2 Die Kirschen abtropfen lassen und 6 Esslöffel Saft auffangen. Kirschen und Saft auf den Kuchen geben und mit dem Kirschwasser beträufeln.

3 Speisestärke und Zucker mit etwas Milch zu einer glatten Paste verrühren, dann unter kräftigem Rühren Eigelb und das Ei einarbeiten.

4 Die restliche Milch bis kurz vor dem Siedepunkt erhitzen und über die Eimasse gießen, kräftig verrühren.

5 Die Mischung unter Rühren im Wasserbad erhitzen, bis sie eingedickt ist, dann die Schokolade einrühren.

6 Die Schokoladencreme über die Kirschen geben und zum Abkühlen in den Kühlschrank stellen. Anschließend die geschlagene Crème double darauf verteilen und mit dem Löffel dekorative Spitzen ziehen. Erneut in den Kühlschrank stellen.

7 Für die Schokoladenspäne die geschmolzene Zartbitterschokolade auf einem Marmor- oder Acrylbrett dünn verteilen. Wenn sie gerade fest zu werden beginnt, ein Messer schräg hindurchziehen, sodass sich Späne bilden. Zügig arbeiten und die Späne jeweils sofort absammeln. Bis zum Servieren im Kühlschrank lagern.

Aprikosen-Preiselbeer-Kuchen

Der Kuchen wird mit Aprikosen und Preiselbeeren belegt und mit einer Creme bedeckt. Nach dem Backen kann man ihn mit Aprikosenmarmelade bestreichen.

2

4

5

Ergibt 8–12 Stück

150 g Mehl
25 g feiner Zucker
125 g Butter, in kleinen Stücken
1 EL Wasser

FÜLLUNG
200 g Butter
200 g feiner Zucker
1 Ei
2 Eigelb
40 g Mehl, gesiebt
175 g gemahlene Mandeln
4 EL Crème double
400 g Aprikosenhälften aus der Dose, abgetropft
125 g frische Preiselbeeren

1 Mehl und Zucker in eine Schüssel geben. Die Butter mit den Fingern in der Mischung verreiben. Wasser zufügen und alles zu einem weichen Teig verarbeiten. Den Teig in Frischhaltefolie wickeln und für 30 Minuten in den Kühlschrank stellen.

2 Den Teig in eine Springform (24 cm Ø) einpassen. Mit einer Gabel einstechen und erneut 30 Minuten kalt stellen.

3 Den Teig mit Alufolie und Backbohnen bedecken und in einem vorgeheizten Backofen bei 190 °C 15 Minuten blindbacken. Folie und Bohnen entfernen und den Teig weitere 15 Minuten backen.

4 Butter und Zucker schaumig rühren. Ei und Eigelb zugeben, dann Mehl, Mandeln und Crème double einrühren.

5 Aprikosen und Preiselbeeren auf dem Teig verteilen. Die Sahnemischung mit einem Löffel darüber geben.

6 Alles 1 Stunde backen, bis die Füllung stockt. Kurz abkühlen lassen und warm oder kalt servieren.

Warmer Apfel-Mincemeat-Kuchen

Die frischen Äpfel verleihen dem Mincemeat einen fruchtigen Geschmack und verhindern, dass die Füllung austrocknet.

Ergibt 8–12 Stück

150 g Mehl
25 g feiner Zucker
125 g Butter, in kleinen Stücken
1 EL Wasser

FÜLLUNG
3 Äpfel, entkernt
1 EL Zitronensaft
400 g Mincemeat
40 g heller Zuckerrübensirup
40 g Butter

4

5

6

1 Mehl und Zucker in eine Schüssel geben. Die Butter mit den Fingern in der Mischung verreiben.

2 Das Wasser zufügen und alles zu einem weichen Teig verarbeiten. Den Teig in Frischhaltefolie wickeln und 30 Minuten kalt stellen.

3 Den Teig auf einer mit Mehl bestäubten Arbeitsfläche ausrollen und in eine Springform (24 cm Ø) einpassen. Anschließend mit einer Gabel einstechen und erneut 30 Minuten kalt stellen.

4 Den Teig mit Alufolie und Backbohnen bedecken und in einem vorgeheizten Backofen bei 190 °C 15 Minuten blindbacken. Folie und Bohnen entfernen und den Teig weitere 15 Minuten backen.

5 Die Äpfel reiben, mit Zitronensaft und Mincemeat mischen und auf dem Teig verteilen.

6 Sirup und Butter zerlassen und über die Mincemeat-Mischung gießen.

7 Den Kuchen in den Backofen stellen und weitere 20 Minuten backen. Warm servieren.

Variation

Mincemeat mit 2 Esslöffeln Sherry würzen.

Warmer Apfel-Käse-Kuchen

Ein mit mildem Gouda belegter Käsekuchen, der einen außergewöhnlichen Kontrast zu dem süßen Aroma der Datteln und Äpfel bildet.

2

3

Ergibt 8–12 Stück

175 g Mehl
2 3/4 TL Backpulver
1 Prise Salz
75 g brauner Zucker
100 g Datteln, entsteint und gehackt
500 g Äpfel, entkernt und gehackt
50 g Walnüsse, gehackt
50 ml Sonnenblumenöl
2 Eier
175 g junger Gouda, gerieben

5

Tipp

Eventuelle Reste können im Kühlschrank gelagert und vor dem Verzehr aufgewärmt werden.

1 Eine Tarte-Form (23 cm Ø) einfetten und mit Backpapier auslegen.

2 Mehl, Backpulver und Salz in eine Schüssel sieben. Zucker, Datteln, Äpfel und Walnüsse zugeben und alles gut verrühren.

3 Öl und Eier verquirlen und gut mit den anderen Zutaten mischen.

4 Die Hälfte des Kuchenteigs in die vorbereitete Form füllen und die Oberfläche glatt streichen.

5 Den eingefüllten Teig mit dem Käse bestreuen. Den restlichen Teig darüber verteilen und ebenfalls glatt streichen.

6 Den Kuchen in einem vorgeheizten Backofen bei 180 °C 45–50 Minuten goldbraun backen.

7 In der Form etwas abkühlen lassen und noch warm servieren.

Zitronenkuchen

Niemand kann diesem köstlichen Kuchen aus feinem Mürbeteig und einer himmlischen Zitronencreme widerstehen.

1

2

4

Ergibt 8–12 Stück

150 g Mehl
25 g feiner Zucker
125 g Butter, in kleinen Stücken
1 EL Wasser

Puderzucker, zum Bestäuben

FÜLLUNG
150 g Crème double
100 g feiner Zucker
abgeriebene Schale von 3 Zitronen
4 Eier
12 EL Zitronensaft

1 Mehl und Zucker in eine Schüssel geben. Die Butter mit den Fingern in der Mischung verreiben. Das Wasser zufügen und alles zu einem weichen Teig verarbeiten. Den Teig für 30 Minuten in den Kühlschrank stellen.

2 Den Teig auf einer mit Mehl bestäubten Arbeitsfläche ausrollen und in eine Tarte-Form (24 cm Ø) einpassen. Anschließend mit einer Gabel einstechen und weitere 30 Minuten kalt stellen.

3 Den Teig mit Alufolie und Backbohnen bedecken und in einem vorgeheizten Backofen bei 190 °C 15 Minuten blindbacken. Folie und Bohnen entfernen und den Teig weitere 15 Minuten backen.

4 Für die Füllung Crème double, Zucker, Zitronenschalen, Eier und Saft verquirlen. Die fertige Mischung auf dem Teig in der Springform verteilen und die Form auf ein Backblech stellen.

5 Den so vorbereiteten Kuchen 20 Minuten backen, bis die Füllung stockt. Anschließend auskühlen lassen und vor dem Servieren mit Puderzucker bestäuben.

Tipp

Das Einstechen mit der Gabel in Schritt 2 verhindert, dass der Teig übermäßig aufgeht.

Mandelkuchen mit weißer Schokolade

Ein leckerer Winterkuchen mit Mandeln und Schokolade, die der Füllung zugefügt werden.

Ergibt 8–12 Stück

150 g Mehl
25 g feiner Zucker
125 g Butter, in kleinen Stücken
1 EL Wasser

FÜLLUNG
150 g heller Zuckerrübensirup
50 g Butter
75 g brauner Zucker
3 Eier, leicht verquirlt
100 g geschälte Mandeln, grob gehackt
100 g weiße Schokolade, grob gehackt

Schlagsahne, zum Servieren (nach Belieben)

1 Mehl und Zucker in eine Schüssel geben. Die Butter mit den Fingern in der Mischung verreiben. Wasser zufügen und alles zu einem weichen Teig verarbeiten. Den Teig in Frischhaltefolie wickeln und für 30 Minuten in den Kühlschrank stellen.

2

3

2 Den Teig auf einer mit Mehl bestäubten Arbeitsfläche ausrollen und in eine Springform (24 cm Ø) einpassen. Mit einer Gabel einstechen und erneut 30 Minuten kalt stellen. Dann mit Alufolie und Backbohnen bedecken und in einem vorgeheizten Backofen bei 190 °C 15 Minuten blindbacken. Folie und Bohnen entfernen und den Teig weitere 15 Minuten backen.

3 Für die Füllung Sirup, Butter und Zucker in einem kleinen Topf erhitzen, bis sich der Zucker aufgelöst hat. Leicht abkühlen lassen. Dann Eier, Mandeln und Schokolade einrühren.

4 Die Schoko-Mandel-Masse auf den Kuchenboden geben. Das Ganze 30–35 Minuten backen, bis die Füllung gerade fest geworden ist. Den Kuchen etwas abkühlen lassen, dann aus der Form nehmen und mit Sahne servieren.

3

Variation

Anstelle der weißen Schokolade dunkle Schokolade verwenden.

Schokoladen-Birnen-Tarte

Das beliebte Dessert besteht aus Birnen und einem Kuchen mit Mandelaroma. Es kann kalt oder warm serviert werden.

Für 6 Personen

100 g Mehl
25 g gemahlene Mandeln
60 g Margarine
3 EL Wasser

Puderzucker, zum Bestäuben

FÜLLUNG
400 g Birnenhälften im eigenen Saft (Dose)
50 g Butter
50 g feiner Zucker
2 Eier, verquirlt
100 g gemahlene Mandeln
2 EL Kakaopulver
3 Tropfen Bittermandelaroma

SCHOKOLADENSAUCE
50 g Zucker
3 EL heller Zuckerrübensirup
100 ml Wasser
175 g Zartbitterschokolade, in Stücke gebrochen
25 g Butter

1 Eine Tarte-Form (20 cm Ø) leicht einfetten. Das Mehl in eine Schüssel sieben und die Mandeln unterrühren. Die Margarine mit den Fingern einarbeiten, bis die Mischung krümelig ist. So viel Wasser unterrühren, bis ein weicher Teig entsteht. Abdecken und für 10 Minuten ins Tiefkühlfach stellen. Den Teig flach ausrollen und die Form mit ihm auskleiden. Den Boden einstechen und kalt stellen.

2

3

2 Die Birnen abgießen. Butter und Zucker schaumig verquirlen. Die Eier unterrühren. Mandeln, Kakao und Bittermandelaroma zufügen. Die Mischung auf dem Tarteboden verteilen. Die Birnen darauf legen und leicht eindrücken. Im vorgeheizten Backofen bei 200 °C 30 Minuten backen, bis die Füllung aufgegangen ist. Abkühlen lassen, dann mit Puderzucker bestäuben.

3

3 Zucker, Sirup und Wasser vorsichtig erhitzen, dabei rühren, bis der Zucker aufgelöst ist. 1 Minute köcheln. Vom Herd nehmen, Schokolade und Butter zufügen und unter Rühren schmelzen. Zur Tarte servieren.

Käsekuchen mit Pinienkernen

Dies ist eine Variante des klassischen Käsekuchens. Der Quarkfüllung werden Pinienkerne beigegeben.

1

2

4

Ergibt 8–12 Stück

150 g Mehl
25 g feiner Zucker
125 g Butter, in kleinen Stücken
1 EL Wasser

Puderzucker, zum Bestäuben

FÜLLUNG
350 g Quark
4 EL Schlagsahne
3 Eier
125 g feiner Zucker
abgeriebene Schale von 1 Orange
100 g Pinienkerne

1 Mehl und Zucker vermengen. Die Butter mit den Fingern in der Mischung verreiben. Das Wasser zufügen, alles zu einem weichen Teig verarbeiten und für 30 Minuten in den Kühlschrank stellen.

2 Den Teig auf einer mit Mehl bestäubten Arbeitsfläche ausrollen und in eine Tarte-Form (24 cm Ø) einpassen. Mit einer Gabel einstechen und erneut 30 Minuten kalt stellen.

3 Den Teig mit Alufolie und Backbohnen bedecken und in einem vorgeheizten Backofen bei 190 °C 15 Minuten backen. Folie und Backbohnen entfernen und den Teig noch 15 Minuten backen.

4 Für die Füllung Quark, Sahne, Eier, Zucker, Orangenschale und die Hälfte der Pinienkerne vermengen. Die Mischung auf dem Teigboden verteilen und mit den restlichen Pinienkernen bestreuen.

5 Den Kuchen in einem vorgeheizten Backofen bei 170 °C 35 Minuten backen, bis die Füllung fest geworden ist. Auskühlen lassen und vor dem Servieren mit Puderzucker bestäuben.

Variation

Die Pinienkerne können durch fein gehobelte Mandeln ersetzt werden.

Orangenkuchen

Der Orangenkuchen ist eine Variante des Zitronenkuchens. Hier werden der Füllung Semmelbrösel zugegeben, damit sie fester wird.

4

4

5

Ergibt 8–12 Stück

150 g Mehl
25 g feiner Zucker
125 g Butter, in kleinen Stücken
1 EL Wasser

FÜLLUNG
abgeriebene Schale von 2 Orangen
9 EL Orangensaft
50 g frische Semmelbrösel
2 EL Zitronensaft
150 g Schlagsahne
50 g Butter
50 g feiner Zucker
2 Eier, getrennt
2 Prisen Salz

1 Mehl und Zucker in eine Schüssel geben. Die Butter mit den Fingern in der Mischung verreiben. Wasser zufügen und alles zu einem weichen Teig verarbeiten. Den Teig in Frischhaltefolie wickeln und für 30 Minuten in den Kühlschrank stellen.

2 Den Teig in eine Springform (24 cm Ø) einpassen. Mit einer Gabel einstechen und erneut 30 Minuten kalt stellen.

3 Den Teig mit Alufolie und Backbohnen bedecken und in einem vorgeheizten Backofen bei 190 °C 15 Minuten blindbacken. Folie und Bohnen entfernen und den Teig weitere 15 Minuten backen.

4 Für die Füllung Orangenschale, -saft und Semmelbrösel in einer Schüssel mischen. Zitronensaft und Sahne zugießen. Butter und Zucker in einem kleinen Topf vorsichtig erhitzen, bis sich der Zucker auflöst. Vom Herd nehmen, Eigelb, 1 Prise Salz und die Zitrusmischung einrühren.

5 Das Eiweiß mit 1 Prise Salz steif schlagen und unter die Zitrusmischung heben. Die Füllung auf dem Teig verteilen.

6 In einem vorgeheizten Backofen bei 170 °C 45 Minuten backen, bis die Füllung fest wird. Kurz abkühlen lassen und warm servieren.

Bananen-Kokos-Käse-Torte

Banane und Kokos passen ausgezeichnet zu Schokolade. Sie können Kokosflocken verwenden, aber am besten schmeckt frisch geraspelte Kokosnuss.

Ergibt 6–8 Stück

225 g Schokoladenkekse
50 g Butter
350 g Frischkäse
75 g feiner Zucker
50 g frisch geraspelte Kokosnuss
2 EL Kokoslikör
2 reife Bananen
125 g Zartbitterschokolade
1 Päckchen gemahlene Gelatine
3 EL Wasser
150 g Crème double

GARNIERUNG
1 Banane
Zitronensaft
Schokolade, geschmolzen

Tipp

Zum Öffnen der Kokosnuss zwei der „Augen" aufstechen und die Milch abgießen. Mit dem Hammer kräftig um die Mitte herum klopfen, bis die Kokosnuss sich spaltet.

1

2

4

1 Die Kekse in einen Gefrierbeutel geben und mit einem Nudelholz zerdrücken. In eine Schüssel geben, die Butter zerlassen und gut mit den Kekskrümeln vermischen. Eine Springform (20 cm Ø) mit der Mischung belegen und gut andrücken.

2 Käse und Zucker glatt rühren, dann Kokosnuss und Kokoslikör zugeben. Die Bananen zerdrücken und zugeben. Die Schokolade schmelzen und sorgfältig einrühren.

3 Die Gelatine in das Wasser einstreuen und quellen lassen. Im heißen Wasserbad auflösen und unter die Schokoladenmischung rühren. Die Crème double steif schlagen und unterheben. Die Masse auf den Keksboden geben, glatt streichen und in den Kühlschrank stellen.

4 Zum Servieren auf einer Kuchenplatte anrichten. Die Banane in Scheiben schneiden, im Zitronensaft wenden und den Kuchen mit den Scheiben garnieren. Mit etwas geschmolzener Schokolade beträufeln und fest werden lassen.

Marmor-Käse-Kuchen

Dieser gehaltvolle Käsekuchen wirkt durch die marmorierte Füllung aus weißer und brauner Schokolade ganz besonders attraktiv.

3

4

Tipp

Die Füllung wird etwas lockerer, wenn Sie in Schritt 4 noch steifen Eischnee (2 Eiweiß) unterheben.

Ergibt 6–8 Stück

225 g Knusper-Müsli
50 g geröstete Haselnüsse, gehackt
50 g Butter
25 g Zartbitterschokolade

FÜLLUNG
350 g Frischkäse
100 g feiner Zucker
200 g Naturjoghurt
300 g Crème double
3 EL Wasser
1 Päckchen gemahlene Gelatine
175 g Zartbitterschokolade, geschmolzen
175 g weiße Schokolade, geschmolzen

6

1 Das Knusper-Müsli in einen Gefrierbeutel geben und mit einem Nudelholz zerdrücken. Mit den Haselnüssen in eine Schüssel geben und vermischen.

2 Butter und Schokolade im Wasserbad schmelzen, die Müsli-Nuss-Mischung zugeben und gut verrühren.

3 Eine Springform (20 cm Ø) mit der Mischung auskleiden, dabei mit dem Boden eines Trinkglases gut andrücken.

4 Frischkäse und Zucker mit einem Holzlöffel glatt rühren, dann den Joghurt zugeben. Die Crème double steif schlagen und unter die Käsemischung heben. Das Wasser in eine hitzebeständige Schüssel gießen, die Gelatine einstreuen und quellen lassen, dann im heißen Wasserbad auflösen und unter die Käsemischung heben.

5 Die Mischung halbieren und die Hälften mit je einer Sorte geschmolzener Schokolade verrühren.

6 Abwechselnd beide Käsemischungen über den Kuchenboden löffeln und mit einem Messer verrühren, um einen Marmor-Effekt zu erzielen. Mit einem Kuchenspachtel oder Palettenmesser glatt streichen. In den Kühlschrank stellen, bis der Kuchen fest geworden ist.

Schokoladen-Käse-Kuchen

Die Zubereitung braucht etwas länger, ist jedoch der Mühe wert. Der Kuchen ist sehr gehaltvoll und wird am besten mit Früchten serviert.

Ergibt 8–12 Stück

100 g Mehl
100 g gemahlene Mandeln
200 g Demerara-Zucker
150 g Margarine
675 g fester Tofu
175 ml Pflanzenöl
125 ml Orangensaft
175 ml Weinbrand
50 g Kakaopulver, plus etwas mehr zum Garnieren
10 Tropfen Mandelessenz

Puderzucker und Physalis (Kapstachelbeeren), zum Garnieren

1 Mehl, Mandeln und 1 Esslöffel Zucker in eine Schüssel geben und gut vermischen. Die Margarine in die Mischung kneten und einen Teig formen.

2 Eine Springform (24 cm Ø) leicht einfetten und mit Backpapier auslegen. Den Boden der Form mit dem Teig auslegen. Den Teig bis zum Rand der Form ziehen.

1

2

Tipp

Physalis können bei vielen Gerichten als interessante Garnierung verwendet werden. Öffnen Sie die Fruchthülle, um die orangefarbene Frucht freizulegen.

3 Den Tofu grob zerkleinern und in der Küchenmaschine mit Öl, Orangensaft, Weinbrand, Kakaopulver, Mandelessenz und dem restlichen Zucker zu einer glatten und cremigen Masse verarbeiten. In die Form geben und im vorgeheizten Backofen bei 160 °C 60–75 Minuten backen, bis die Masse fest ist.

3

4 Den Kuchen 5 Minuten in der Form abkühlen lassen, dann herausnehmen und in den Kühlschrank stellen. Den Kuchen mit Puderzucker und Kakaopulver bestäuben. Mit den Physalis garnieren und servieren.

Champagner-Mousse

Diese himmlische Champagner-Mousse mit schokoladigem Biskuitboden schmeckt ganz besonders gut zu einem prickelnden, trockenen Schaumwein, hergestellt nach der *méthode champanoise* – wie in der Champagne üblich!

1

Ergibt 20–25 Stück

4 Eier
100 g feiner Zucker
75 g Mehl
3/4 TL Backpulver
15 g Kakaopulver
25 g Butter, zerlassen

MOUSSE
1 Päckchen gemahlene Gelatine
3 EL Wasser
300 ml Sekt oder Champagner
300 g Crème double
2 Eiweiß
75 g feiner Zucker

GARNIERUNG
50 g dunkle Schokoladenglasur, geschmolzen

1 Ein Backblech (38 cm x 25 cm) mit leicht eingefettetem Backpapier auslegen. Eier und Zucker so lange kräftig verquirlen, bis die Eimasse steife Spitzen bildet. Mehl, Backpulver und Kakaopulver über die Mischung sieben und unterheben, dann die Butter einrühren. Den Teig gleichmäßig auf dem Backblech verteilen und im vorgeheizten Backofen bei 200 °C 8 Minuten backen, bis der Boden beim Andrücken leicht nachgibt. 5 Minuten abkühlen lassen, dann auf ein Kuchengitter legen. 4 Backringe (10 cm Ø) mit Backpapier auslegen. Aus dem Biskuitboden 4 entsprechend große Kreise ausstechen und in die Backringe legen. Den restlichen Boden in 2,5 cm breite Streifen schneiden und die Backringe an den Seiten mit ihnen auskleiden.

2 Für die Mousse die Gelatine in das Wasser einstreuen und quellen lassen. Im heißen Wasserbad auflösen und Sekt oder Champagner zugießen.

3 Die Crème double steif schlagen und die Sekt-Gelatine-Mischung unterheben. In den Kühlschrank stellen, bis die Mischung beinahe fest ist, dann umrühren. Das Eiweiß steif schlagen, nach und nach den Zucker zugeben, bis der Eischnee glatt und glänzend ist. Unter die Mischung heben und die Teigförmchen damit füllen. Die Mousse sollte ein wenig über den Teigrand herausragen. Für 2 Stunden in den Kühlschrank stellen. Die geschmolzene Schokolade in Schlangenlinien auf Backpapier spritzen, nach dem Erstarren abziehen und die Mousse damit garnieren.

3

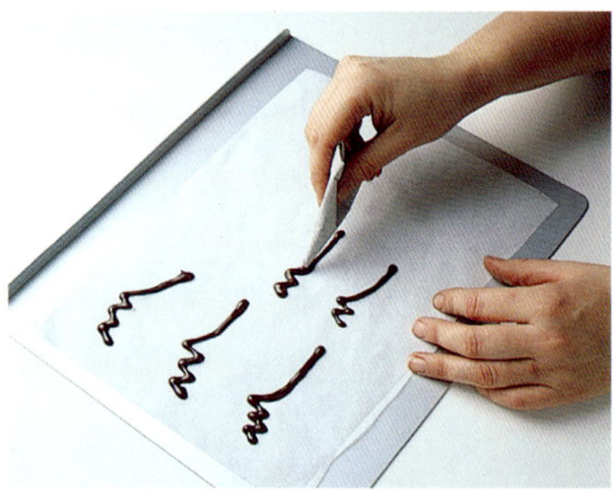

3

Dreierlei Schokoladenmousse

Drei Lagen der sagenumwobenen Mousse verleihen dem exquisiten Dessert einen zusätzlichen Schoko-Appeal. Der Aufwand lohnt sich sicher!

3

Ergibt 10–12 Stück

3 Eier
50 g feiner Zucker
300 ml Milch
1 Päckchen gemahlene Gelatine
3 EL Wasser
300 g Crème double
75 g Zartbitterschokolade
75 g weiße Schokolade
75 g Vollmilchschokolade

Schokoladenspäne, zum Garnieren (siehe Seite 50)

1 Eine kleine Kastenform mit Backpapier auslegen. Die Eier trennen und jedes Eiweiß in ein separates Schüsselchen geben. Eigelb und Zucker in einer großen Schüssel sorgfältig verquirlen. Die Milch unter Rühren vorsichtig aufkochen. Die Milch allmählich zum Eigelb gießen, dabei immer rühren.

2 Die Schüssel in ein heißes Wasserbad stellen und rühren, bis die Mischung eingedickt ist.

3 Gelatine und Wasser in eine Schüssel geben und quellen lassen. Im heißen Wasserbad unter Rühren auflösen. Unter die Eimischung rühren und abkühlen lassen.

4 Die Crème double schlagen und vorsichtig unter die Mischung heben. Die Mischung in 3 Portionen teilen. Die 3 Schokoladensorten getrennt schmelzen. Die Zartbitterschokolade mit einer Portion der Eimischung verrühren. Ein Eiweiß steif schlagen und unter die Zartbitter-Ei-Creme heben. In die Backform füllen und glatt streichen. In den Kühlschrank stellen (an die kälteste Stelle) und fest werden lassen.

5 Die weiße Schokolade mit der zweiten Portion der Eimischung verrühren. Das zweite Eiweiß steif schlagen und unterheben. Auf die erste Mousseschicht gießen und rasch kalt stellen. Den Vorgang mit der Vollmilchschokolade wiederholen und fest werden lassen. Zum Servieren vorsichtig auf einen Servierteller stürzen und mit Schokoladenspänen garnieren.

4

5

Mousse au chocolat

Diese locker-leichte Mousse überrascht durch einen Hauch von Orange. Besonders delikat schmeckt sie mit einer Sauce aus frischen Früchten.

Für 8 Personen

100 g Zartbitterschokolade, geschmolzen
300 g Naturjoghurt
150 g Quark
4 EL feiner Zucker
1 EL Orangensaft
1 EL Weinbrand
1 1/2 TL rein pflanzliche Gelatine
9 EL kaltes Wasser
2 große Eiweiß

GARNIERUNG
dunkle und weiße Schokolade, grob gerieben
Orangenzesten

Tipp

Für eine schnelle Fruchtsauce eine Dose Mandarinen im eigenen Saft in der Küchenmaschine pürieren und durch ein Sieb streichen. 1 Esslöffel flüssigen Honig einrühren und mit der Mousse servieren.

3

4

5

1 Schokolade, Joghurt, Quark, Zucker, Orangensaft und Weinbrand 30 Sekunden in einem Mixer verarbeiten, dann in eine große Schüssel füllen.

2 Gelatine und Wasser vermengen und so lange rühren, bis sich die Gelatine aufgelöst hat.

3 Die Mischung in einen Topf geben und 2 Minuten kochen. Dann langsam abkühlen lassen und unter die Schokoladenmischung rühren.

4 Das Eiweiß steif schlagen und mit einem Metalllöffel ebenfalls unter die Schokoladenmischung ziehen.

5 Eine Kastenform (850 ml Inhalt) mit Frischhaltefolie auslegen. Die fertige Mousse-Masse in die Form geben und für 2 Stunden in den Kühlschrank stellen, bis sie fest geworden ist. Anschließend auf einen Servierteller stürzen, garnieren und servieren.

Eis aus weißer Schokolade

Servieren Sie diese Mischung zwischen Mousse au Chocolat und Eiscreme mit einem Obst-Coulis, Schokoladensauce oder frischen Früchten.

1

2

Tipp

Für Obst-Coulis 225 g weiches Obst Ihrer Wahl mit 1–2 EL Puderzucker im Mixer pürieren. Eventuell durch ein Sieb streichen, um Kerne zu entfernen. Bis zum Servieren in den Kühlschrank stellen.

Für 8 Personen

2 EL Kristallzucker
5 EL Wasser
300 g weiße Schokolade
3 Eier, getrennt
300 g Crème double

1 Eine kleine Kastenform so glatt wie mög-lich mit Alu- oder Frischhaltefolie auslegen.

2 Den Kristallzucker unter Rühren bei schwacher Hitze im Wasser auflösen. Zum Kochen bringen und 1–2 Minuten sprudelnd zu Sirup einkochen, dann den Topf vom Herd nehmen.

3

3 Die weiße Schokolade in kleine Stücke brechen und unter Rühren in dem Sirup auflösen. Leicht abkühlen lassen.

4 Die Eigelb kräftig in die Schokoladenmischung einrühren und diese vollständig abkühlen lassen.

5 Die Crème double steif schlagen und unter die Schokoladenmischung heben.

6 Das Eiweiß so lange steif schlagen, bis der Eischnee steife Spitzen bildet, dann unter die Schokoladenmischung heben. In die Kastenform geben und über Nacht in die Gefriertruhe stellen.

7 Zum Servieren 10–15 Minuten vorher aus der Gefriertruhe nehmen, auf einen Servierteller stürzen und in Scheiben schneiden.

Schoko-Mandel-Schnitten

Diesem einladenden Schokoladen-Dessert kann man nicht widerstehen. Nebenbei bereichert es jede nachmittägliche Kaffeetafel.

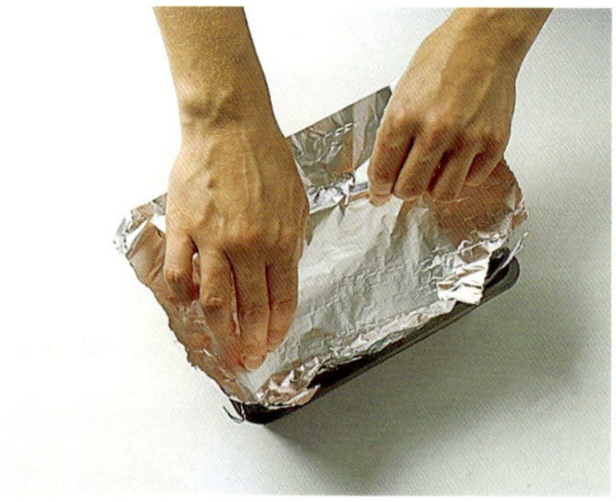

1

2

Tipp

Butter wertet mit ihrem typisch feinen Geschmack die Qualität von Gebäck, Kuchen oder Cremes auf und wird daher beim Backen von vielen bevorzugt. „Low Fat"-Fette sind fürs Backen nicht geeignet.

Ergibt 16 Schnitten

75 g Mandeln
150 g Zartbitterschokolade
75 g Butter
200 g Kondensmilch
2 TL Zimt
75 g Amaretti, zerkrümelt
50 g getrocknete Aprikosen, grob gehackt

Tipp

Die Schokolade vor dem Schmelzen in kleine Stücke brechen. Je kleiner die Stücke, desto schneller schmelzen sie.

1 Eine kleine Kastenform mit Alufolie auslegen.

2 Die Mandeln mit einem scharfen Messer grob hacken.

3 Schokolade, Butter, Milch und Zimt in einen Topf geben.

4 Alles 3–4 Minuten bei schwacher Hitze mit einem Holzlöffel vermengen, bis die Schokolade geschmolzen ist.

5 Anschließend Mandeln, Amaretti und Aprikosen zugeben und gründlich verrühren.

6 Die Mischung in die vorbereitete Form füllen und etwa 1 Stunde im Kühlschrank fest werden lassen. Anschließend den fertigen Kuchen in Scheiben schneiden und servieren.

3

Schokoladenring mit Eisfüllung

Verborgen in einem Ring aus Schokoladenkuchen liegt das Geheimnis dieses gefrorenen Kuchens: Schokoladen-Pfefferminz-Eis. Sie können auch Eiscreme mit Orangen oder Kaffeegeschmack verwenden.

Ergibt 8–12 Stück

4 Eier
175 g feiner Zucker
100 g Mehl
1 TL Backpulver
40 g Kakaopulver
500 ml Schokoladen-Pfefferminz-Eis

SCHOKOLADENSAUCE
50 g Zucker
3 EL heller Zuckerrübensirup
100 ml Wasser
175 g Zartbitterschokolade, in Stücke gebrochen
25 g Butter

1 Eine Napfkuchenform (23 cm Ø) leicht einfetten. Eier und Zucker in eine große Schüssel geben und so lange mit einem Handrührgerät verquirlen, bis die Mischung steife Spitzen bildet. Alternativ mit einem Schneebesen im Wasserbad schlagen.

2 Mehl, Backpulver und Kakao in die Eimasse sieben und unterrühren. In die Backform füllen und im vorgeheizten Backofen bei 180 °C 30 Minuten backen, bis der Kuchen beim Andrücken leicht nachgibt. 5 Minuten in der Form stehen lassen, auf ein Kuchengitter legen und vollständig auskühlen lassen.

3 Die Backform ausspülen und großzügig mit Frischhaltefolie auslegen. Einen etwa 1 cm dicken Deckel quer vom Kuchen abschneiden.

3

4

4 Den Kuchen wieder in die Backform legen. Mit einem Löffel den Kuchen aushöhlen, dabei einen etwa 1 cm breiten Rand stehen lassen.

5 Das Eis aus dem Tiefkühlfach nehmen und einige Minuten stehen lassen. Mit einem Holzlöffel etwas weich rühren. Den Kuchen mit dem Eis füllen und glatt streichen. Den Kuchendeckel auflegen.

6 Mit der überhängenden Frischhaltefolie abdecken und für mindestens 2 Stunden ins Tiefkühlfach stellen.

7 Für die Schokoladensauce Zucker, Sirup und Wasser vorsichtig erhitzen, dabei rühren, bis der Zucker aufgelöst ist. 1 Minute köcheln. Vom Herd nehmen, Schokolade und Butter zufügen und unter Rühren schmelzen.

5

8 Den Kuchen auf eine Kuchenplatte stürzen und mit etwas Schokoladensauce in einem dekorativen Muster verzieren. Den Kuchen in Scheiben schneiden und servieren. Die Sauce separat reichen.

Gebackene Eistorte

Schokoladeneis mit Baiser erzeugt eine köstlich kühle Kreation. Das Dessert kann auch im Voraus zubereitet und eingefroren werden.

Ergibt 6–8 Stück

2 Eier
60 g feiner Zucker
40 g Mehl
15 g Kakaopulver
3 Eiweiß
150 g Zucker
1 l gutes Schokoladeneis

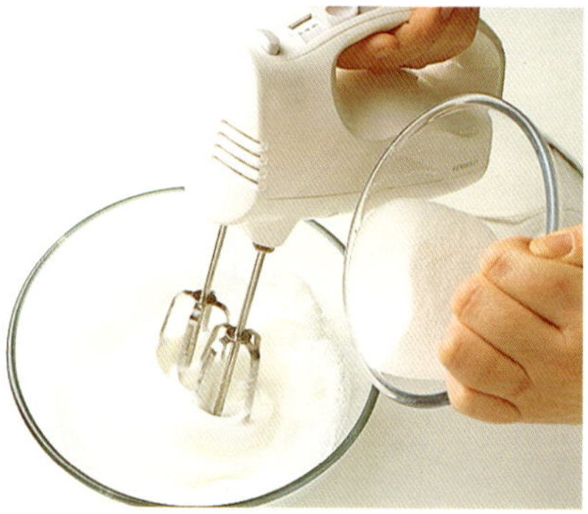

4

5

1 Eine Springform (18 cm Ø) leicht einfetten und mit Backpapier auslegen.

2 Eier und 4 Esslöffel Zucker schaumig rühren. Mehl und Kakaopulver sieben und vorsichtig einrühren.

3 Den Teig in die Form füllen und im vorgeheizten Backofen bei 220 °C 7 Minuten backen, bis der Kuchen beim Andrücken leicht nachgibt. Auf ein Kuchengitter legen und abkühlen lassen.

4 Das Eiweiß steif schlagen. Unter Rühren allmählich den restlichen Zucker zugeben, bis der Eischnee fest und glänzend ist.

5 Den Biskuitboden auf ein Backblech legen. Das Schokoladeneis in der Mitte des Kuchenbodens aufhäufen.

6 Den Eischnee über das Eis spritzen oder streichen, das Eis muss vollständig bedeckt sein. (Jetzt kann die Torte tiefgefroren werden.)

7 Wieder in den Backofen stellen und 5 Minuten backen, bis das Baiser oben goldbraun ist. Sofort servieren.

6

Tipp

Eine Coulis aus schwarzen Johannisbeeren schmeckt köstlich dazu. Einige Johannisbeeren in etwas Orangensaft aufkochen, pürieren, durch ein Sieb streichen und etwas süßen.

Schokoladeneis im Körbchen

Diese Eiscreme schmeckt besonders gut mit Schokoladensauce. Servieren Sie sie zu besonderen Anlässen in den dekorativen Schokoladenkörbchen.

3

7

7 Einen Kreis Schokolade rund um jede Form spritzen, dann kreuz und quer Linien darüber ziehen, bis sich eine körbchenartige Struktur ergibt. Vorsichtig eine zweite Schicht darüber spritzen und noch eine Linie um die Basis herum ziehen. Zum Festwerden in den Kühlschrank stellen, dann von den Formen heben und die Folie abziehen. Mit Eis füllen und servieren.

Ergibt 6–8 Stück

1 Ei
3 Eigelb
90 g Zucker
300 ml Milch
250 g Zartbitterschokolade
300 g Crème double
100 g Zartbitterschokolade, für das Schokoladenkörbchen

1 Ei, Eigelb und Zucker zu einer hellen, schaumigen Masse verquirlen. Die Milch fast aufkochen.

2 Die Milch unter ständigem Rühren zur Eimischung gießen. Die Masse im Wasserbad rühren und eindicken lassen, bis sie an einem Holzlöffel haften bleibt.

3 Die Schokolade in Stücke brechen und unter Rühren in der Masse auflösen. Mit angefeuchtetem Backpapier abdecken und abkühlen lassen.

4 Die Crème double schlagen und unter die abgekühlte Mischung heben. In eine Gefrierdose füllen und für 1–2 Stunden ins Tiefkühlfach stellen, bis die Mischung etwa 2,5 cm um den Rand gefroren ist.

5 Die Eiscreme in eine Rührschüssel löffeln und mit dem Handrührgerät glatt rühren, dann erneut einfrieren.

6 Für die Schokoladenkörbchen eine Muffin-Form umdrehen und 6 Förmchen von hinten mit Frischhaltefolie überziehen. Die Schokolade schmelzen. Ein Stück Backpapier zu einer Tüte drehen und die Spitze abschneiden, die Schokolade hineingeben.

7

Weißes Schokoladeneis in Biskuitschalen

Servieren Sie weiße Eiscreme in aparter Biskuitschale, und für den wahren Schokoladengenießer garnieren Sie das Dessert mit Schokoladensauce.

Für 6 Personen

1 Ei
1 Eigelb
40 g feiner Zucker
150 g weiße Schokolade
300 ml Milch
150 g Crème double

BISKUITSCHALEN
1 Eiweiß
50 g feiner Zucker
15 g Mehl, gesiebt
15 g Kakaopulver, gesiebt
25 g Butter, zerlassen

2

3

3

1 Zwei Backbleche mit Backpapier auslegen. Für das Eis Ei, Eigelb und Zucker vermischen. Die Schokolade in Stücke brechen und mit 3 Esslöffeln Milch in eine Schüssel geben. Im Wasserbad schmelzen. Die Milch fast aufkochen und in die Eimischung rühren. Im heißen Wasserbad rühren, bis die Mischung eingedickt ist und am Löffel haften bleibt. Die Schokolade unterrühren. Mit feuchtem Backpapier abdecken und fest werden lassen.

2 Die Crème double schlagen und unter die Mischung heben. In eine Gefrierdose füllen und für 1–2 Stunden ins Tiefkühlfach stellen. Dann in eine Schüssel füllen und weich rühren. Wieder fest frieren lassen.

3 Eiweiß und Zucker vermischen. Mehl und Kakao unterrühren, dann die Butter. Je 1 Esslöffel Teig auf ein Backblech geben und zu großen Kreisen (12 cm Ø) ausbreiten. Im vorgeheizten Backofen bei 200 °C 4–5 Minuten backen. Vom Blech nehmen und auf umgekehrte Tassen stülpen. Nach dem Festwerden auf einem Kuchengitter abkühlen lassen. Das Eis in diesen Biskuitschalen servieren.

Brot, ganz frisch aus dem Backofen, mit köstlich krosser Kruste, herrlich duftend – das ist ein Genuss wie kaum ein anderer! Wollten Sie nicht schon immer Ihr eigenes Brot backen können? Kein Problem: Brot selbst zu backen war noch nie so einfach wie heute.

Brot, Brötchen und Pikantes – in diesem Kapitel wird fast alles mit leicht erhältlicher und problemlos zu verarbeitender Trockenhefe hergestellt. Hierfür verwenden Sie am besten qualitätsvolles Weizenmehl, auch Vollkornmehl ist geeignet. Der Teig muss immer gut geknetet werden, was auch mit den Knethaken des Handrührgeräts in 5–8 Minuten geschehen kann. Kneten mit der Hand hingegen macht nicht nur Freude, es lässt sich auch gut Stress abbauen. Doch nicht nur Brotfans kommen in diesem Kapitel auf ihre Kosten. Köstliche Pasteten, Tartes und allerlei Pikantes können ebenso wie Brot zu einem Essen gereicht werden.

Brot & Pikantes

Knoblauch-Salbei-Ring

Dieses Brot passt sehr gut als Beilage zu Salaten und ist auch für Veganer geeignet.

Ergibt 1 Ring

250 g Mehl (Type 550)
1 Päckchen Trockenhefe
3 EL frisch gehackter Salbei
2 TL Meersalz
3 Knoblauchzehen, fein gehackt
1 TL Honig
150 ml lauwarmes Wasser

1 Ein Backblech einfetten. Das Mehl in eine große Schüssel sieben.

2 Trockenhefe, Salbei und die Hälfte des Salzes untermischen. 1 Teelöffel Knoblauch zum Bestreuen beiseite legen, den restlichen Knoblauch unterrühren. Honig und Wasser zugeben und alles zu einem festen Teig verarbeiten.

3 Den Teig von Hand auf einer leicht mit Mehl bestäubten Arbeitsfläche etwa 5 Minuten glatt kneten.

4 Den Teig in eine eingefettete Schüssel geben, abdecken und an einem warmen Ort gehen lassen, bis sich sein Volumen verdoppelt hat.

3

5

6

5 Den Teig erneut ein paar Minuten durchkneten. Dann zu einem Ring formen und auf das vorbereitete Backblech legen.

6 Den fertigen Ring abdecken und erneut 30 Minuten gehen lassen, bis der Teig beim Andrücken leicht nachgibt. Dann mit dem restlichen Salz und dem übrigen Knoblauch gleichmäßig bestreuen.

7 Den Ring in einem vorgeheizten Backofen bei 200 °C 25–30 Minuten backen und auf einem Kuchengitter auskühlen lassen.

Tipp

Rollen Sie den Teig zunächst als langen Streifen aus und formen Sie dann daraus einen Ring.

Variation

Das Salz nicht dem Teig zugeben, sondern den Ring damit bestreuen.

Tomatenbrötchen

Die getrockneten Tomaten verleihen diesen Brötchen ihr besonderes Aroma. Sie erhalten sie, meist in Öl eingelegt, in allen großen Supermärkten.

3

5

7 Die Teigkugeln mit Milch bestreichen und 10–15 Minuten in einem vorgeheizten Backofen bei 230 °C backen, bis sie goldbraun geworden sind.

8 Die fertigen Brötchen auf ein Kuchengitter legen und vor dem Servieren leicht abkühlen lassen.

Ergibt 8 Stück

225 g Mehl (Type 550)
1/2 TL Salz
1 Päckchen Trockenhefe
100 g Butter, zerlassen und leicht abgekühlt
3 EL Milch, erwärmt
2 Eier, verquirlt
50 g sonnengetrocknete Tomaten, gut abgetropft und fein gehackt

Milch, zum Bestreichen

1 Ein Backblech leicht einfetten.

2 Mehl und Salz in eine große Schüssel sieben und mit der Trockenhefe vermengen. Dann Butter, Milch und Eier zugeben und alles zu einem festen Teig verarbeiten.

3 Den Teig von Hand auf einer leicht mit Mehl bestäubten Arbeitsfläche oder mit den Knethaken eines elektrischen Rührgeräts 5 Minuten glatt kneten.

4 Den Teig in eine eingefettete Schüssel geben, abdecken und an einem warmen Ort 60–90 Minuten gehen lassen, bis sich sein Volumen verdoppelt hat. Dann erneut einige Minuten durchkneten.

5 Die Tomaten in den Teig kneten. Die Arbeitsfläche dazu gegebenenfalls etwas stärker mit Mehl bestäuben, da die Tomaten sehr ölhaltig sind.

6 Den Teig zu 8 kleinen Kugeln formen und diese auf das Backblech legen. Abgedeckt noch 30 Minuten gehen lassen, bis sich ihr Volumen verdoppelt hat.

6

Tipp

Trockenhefe ist in fast allen Supermärkten erhältlich.

Chili-Mais-Brot

Dieses Maisbrot nach mexikanischer Art können Sie als Beilage zu Chiligerichten servieren oder einfach pur genießen.

3

4

4

Ergibt 12 Stück

25 g Mehl
125 g Polenta
1 EL Backpulver
1/2 TL Salz
1 grüne Chilischote, entkernt und fein gehackt
5 Frühlingszwiebeln, fein gehackt
2 Eier
140 g saure Sahne
125 ml Sonnenblumenöl

1 Eine quadratische Backform (20 cm x 20 cm) einfetten und mit Backpapier auslegen.

2 Mehl, Polenta, Backpulver und Salz in einer Schüssel mischen.

3 Chilischote und Frühlingszwiebeln zugeben und gut unterrühren.

4 Eier, saure Sahne und Sonnenblumenöl in einem Mixbecher verquirlen. Diese Mischung zu den trockenen Zutaten geben und alles schnell und gründlich vermengen.

5 Den so entstandenen Teig in die vorbereitete Form füllen.

6 Die Form in den vorgeheizten Backofen geben und den Teig bei 200 °C 20–25 Minuten backen, bis er aufgegangen und leicht gebräunt ist.

7 Das fertige Brot in der Form etwas abkühlen lassen und in Quadrate geschnitten servieren.

Variation

In Schritt 3 können 125 g Maiskörner unter den Teig gemischt werden.

Kürbisbrot

Das Kürbispüree verleiht dem Brot ein saftiges Aroma. Sie können das Brot zu jeder Mahlzeit servieren, egal ob süß oder herzhaft.

2

4

Ergibt 1 Brot

450 g Kürbisfleisch
125 g weiche Butter
175 g feiner Zucker
2 Eier, verquirlt
225 g Mehl, gesiebt
1 1/2 TL Backpulver
1/2 TL Salz
1 TL Lebkuchengewürz, ersatzweise Piment
25 g Kürbiskerne

5

Tipp

Lebkuchengewürz besteht aus Kümmel, Kreuzkümmel, Piment, Koriander, Muskat und Ingwer und ist heutzutage überall erhältlich.

1 Eine Kastenform (20 cm–25 cm Seitenlänge) einfetten.

2 Das Kürbisfleisch grob zerkleinern und in gebutterte Alufolie einschlagen. Dann in einem vorgeheizten Backofen bei 200 °C 30–40 Minuten backen, bis es gar ist.

3 Das Kürbisfleisch vollständig auskühlen lassen, zerdrücken und zu einem dickflüssigen Püree verarbeiten.

4 Butter und Zucker in einer Schüssel schaumig rühren. Dann nach und nach die Eier zugeben.

5 Das Kürbispüree unterrühren und alles mit Mehl, Backpulver, Salz und Lebkuchengewürz oder Piment vermengen.

6 Die Kürbiskerne zugeben und den Teig in die vorbereitete Form füllen.

7 Den Teig in einem vorgeheizten Backofen bei 160 °C 75–90 Minuten backen, bis ein in die Mitte gestochener Metallspieß sauber bleibt.

8 Das fertige Brot vor dem Servieren auskühlen lassen.

Korinthenbrot mit Zimt

Dieses würzige, fruchtige Brot ist schnell und einfach zubereitet. Servieren Sie es mit Butter und Honig als Snack am Nachmittag.

Ergibt 1 Brot

350 g Mehl
1 Prise Salz
1 EL Backpulver
1 EL gemahlener Zimt
150 g Butter, in kleinen Stücken
125 g brauner Zucker
175 g Korinthen
fein abgeriebene Schale von 1 Orange
5–6 EL Orangensaft
6 EL Milch
2 Eier, leicht verquirlt

2

3

1 Eine Kastenform (20 cm–25 cm Seitenlänge) einfetten und mit Backpapier auslegen.

2 Mehl, Salz, Backpulver und Zimt in eine große Schüssel sieben. Die Butter mit den Fingern darin so lange verreiben, bis ein krümeliger Teig entsteht.

3 Zucker, Korinthen und Orangenschalen einrühren. Orangensaft, Milch und Eier mischen, zu den trockenen Zutaten geben und alles gut vermengen.

4 Den so entstandenen Teig in die vorbereitete Form füllen und eine kleine Mulde in die Mitte drücken, damit er gleichmäßig aufgehen kann.

4

5 Den Teig in einem vorgeheizten Backofen bei 180 °C 60–70 Minuten backen, bis ein in die Mitte gestochener Metallspieß sauber bleibt.

6 Das fertige Brot kurz abkühlen lassen. Dann aus der Form nehmen und auf einem Kuchengitter vollständig auskühlen lassen.

Tipp

Der Teig muss nach der Zugabe der flüssigen Zutaten rasch verarbeitet werden, da das Backpulver zu arbeiten beginnt.

Mangozopf

Probieren Sie einen außergewöhnlichen Hefezopf mit pürierter Mango. Die Mango verleiht nicht nur einen exotischen, sondern auch saftigen Geschmack.

Ergibt 1 Zopf

450 g Mehl (Type 550)
1 TL Salz
1 Päckchen Trockenhefe
1 TL gemahlener Ingwer
50 g brauner Zucker
40 g Butter, in kleinen Stücken
1 kleine Mango, geschält, entkernt und püriert
250 ml lauwarmes Wasser
2 EL flüssiger Honig
125 g Sultaninen
1 Ei, verquirlt

Puderzucker, zum Bestäuben

1

1

1 Ein Backblech einfetten. Mehl und Salz in eine große Schüssel sieben. Trockenhefe, Ingwer und Zucker untermischen und die Butter mit den Fingern in dieser Mischung verreiben.

2

2 Mangopüree, Wasser und Honig zugeben und alles zu einem festen Teig verarbeiten.

3 Den Teig von Hand auf einer leicht mit Mehl bestäubten Arbeitsfläche oder mit den Knethaken eines elektrischen Rührgeräts 5 Minuten glatt kneten. Dann in eine eingefettete Schüssel geben, abdecken und an einem warmen Ort 60 Minuten gehen lassen, bis sich sein Volumen verdoppelt hat.

4 Die Sultaninen in den Teig kneten. Den Teig zu 2 Strängen à 25 cm formen. Diese umeinander drehen und die Enden festdrücken. Den so entstandenen Zopf auf das vorbereitete Backblech legen, abdecken und weitere 40 Minuten gehen lassen.

5 Den Zopf mit dem Ei bestreichen und in einem vorgeheizten Backofen bei 220 °C 30 Minuten backen, bis er goldbraun geworden ist. Auf einem Kuchengitter auskühlen lassen und vor dem Servieren mit Puderzucker bestäuben.

Tipp

Klopfen Sie während des Backens gegen das Brot. Klingt es hohl, ist es fertig.

Käse-Kartoffel-Brot

Das aromatische Käse-Kartoffel-Brot ist ideal für einen pikanten Snack. Die pürierten Kartoffeln sorgen für ausreichende Feuchtigkeit.

Ergibt 1 Brot

225 g Mehl
1 TL Salz
1/2 TL Senfpulver
2 TL Backpulver
125 g alter Gouda, gerieben
175 g Kartoffeln, gekocht und püriert
200 ml Wasser
1 EL Öl

Tipp

Das Brot kann auch mit Instantpüree zubereitet werden.

Variation

In Schritt 3 können dem Teig zusätzlich 50 g Speckwürfel zugegeben werden.

3

4

1 Ein Backblech leicht einfetten.

2 Mehl, Salz, Senf- und Backpulver in eine Schüssel sieben.

3 Von dem geriebenen Käse 2 Esslöffel beiseite stellen. Den Rest mit den pürierten Kartoffeln zu der Mehlmischung geben und gut mit dieser verrühren.

4 Wasser und Öl zugießen und die feuchte Mischung zu einem weichen Teig verarbeiten.

5 Den Teig auf einer mit Mehl bestäubten Arbeitsfläche zu einem runden Laib (etwa 20 cm Ø) formen.

6 Den Laib auf das vorbereitete Backblech legen. Die Oberfläche kreuzförmig einschneiden und mit dem beiseite gestellten Käse bestreuen.

7 Den so vorbereiteten Laib in einem vorgeheizten Backofen bei 220 °C 25–30 Minuten backen.

8 Das fertige Brot auf ein Kuchengitter legen, auskühlen lassen und möglichst frisch servieren.

6

Schneckenkranz

Der Schneckenkranz ist gefüllt mit typischen Zutaten der Weihnachtszeit wie Nüssen, Zitronat, Orangeat und Rum. Anstatt des Puderzuckers können Sie auch Honig als Glasur verwenden.

Ergibt 1 Kranz

250 g Mehl (Type 550)
1/2 TL Salz
1 Päckchen Trockenhefe
25 g Butter, in kleinen Stücken
125 ml lauwarme Milch
1 Ei, verquirlt

FÜLLUNG
50 g weiche Butter
50 g brauner Zucker
25 g Haselnüsse, gehackt
25 g kandierter Ingwer, gehackt
50 g Zitronat und Orangeat
1 EL Rum oder Weinbrand

GLASUR
100 g Puderzucker
2 EL Zitronensaft

1 Ein Backblech einfetten. Mehl, Salz und Hefe in eine Schüssel geben, Butter hineinreiben, Milch und Ei zugeben und alles zu einem festen Teig verkneten.

2 Den Teig in einer eingefetteten Schüssel abgedeckt 40 Minuten gehen lassen. Noch einmal kurz durchkneten und zu einem Rechteck (30 cm x 23 cm) ausrollen.

2

3

3 Butter und Zucker schaumig rühren. Haselnüsse, Ingwer, Zitronat, Orangeat und Rum zugeben. Den Teig mit dieser Füllung bestreichen, dabei einen Rand von 2,5 cm lassen.

4 Den Teig von einer langen Seite her aufrollen und in je 5 cm dicke Scheiben schneiden. Diese ringförmig auf das Backblech legen, sodass sie sich gerade berühren. Abdecken und 30 Minuten gehen lassen.

5 Den Teig in einem vorgeheizten Backofen bei 190 °C 20–30 Minuten backen, bis er goldbraun geworden ist.

6 Puderzucker und Zitronensaft mischen. Den fertigen Kranz etwas abkühlen lassen und mit dem Guss beträufeln.

4

Schokoladenbrot

Für die „Schokomäulchen" unter uns: Das Zubereiten des Brots ist sehr einfach, zudem schmeckt es unwiderstehlich.

Ergibt 1 Brot

450 g Mehl (Type 550)
25 g Kakaopulver
1 TL Salz
1 Päckchen Trockenhefe
25 g brauner Zucker
1 EL Öl
300 ml lauwarmes Wasser

Tipp

Leicht getoastet und gebuttert schmeckt dieses Brot besonders köstlich.

2

4

7

1 Eine Kastenform (20 cm – 25 cm Seitenlänge) leicht einfetten.

2 Mehl und Kakaopulver in eine große Schüssel sieben.

3 Salz, Trockenhefe und Zucker unterrühren.

4 Öl und Wasser zugeben und alles zu einem festen Teig verarbeiten.

5 Den Teig auf einer leicht mit Mehl bestäubten Arbeitsfläche 5 Minuten glatt kneten.

6 In eine eingefettete Schüssel geben, abdecken und an einem warmen Ort 60 Minuten gehen lassen, bis sich sein Volumen verdoppelt hat.

7 Den aufgegangenen Teig noch einmal kurz durchkneten, in die vorbereitete Form geben und weitere 30 Minuten an einem warmen Ort gehen lassen.

8 Anschließend in einem vorgeheizten Backofen bei 200 °C 25–30 Minuten backen.

9 Das fertige Brot auf einem Kuchengitter auskühlen lassen und in Scheiben geschnitten servieren.

Orangen-Bananen-Preiselbeer-Brot

Durch die gehackten Nüsse, Trockenfrüchte und den Orangensaft bleibt das Brot schön saftig und erhält zusätzlichen Biss.

2

3

3

Ergibt 1 Brot

175 g Mehl
3 TL Backpulver
150 g brauner Zucker
2 Bananen, zerdrückt
50 g Zitronat und Orangeat
25 g gemischte Nüsse, gehackt
50 g getrocknete Preiselbeeren
5–6 EL Orangensaft
2 Eier, verquirlt
150 ml Sonnenblumenöl
75 g Puderzucker, gesiebt
abgeriebene Schale von 1 Orange

1 Eine Kastenform (20 cm – 25 cm Seitenlänge) einfetten und mit Backpapier auslegen.

2 Mehl und Backpulver in eine Schüssel sieben. Dann Zucker, Bananen, Zitronat, Orangeat, Nüsse und Preiselbeeren einrühren.

3 Orangensaft, Eier und Öl miteinander verrühren. Zu den trockenen Zutaten gießen und alles gut vermengen, bis ein glatter Teig entsteht. Den fertigen Teig in die vorbereitete Form geben.

4 Den Teig in einem vorgeheizten Backofen bei 180 °C 60 Minuten backen, bis er fest geworden ist und ein in die Mitte gestochener Metallspieß sauber bleibt.

5 Das fertige Brot aus dem Ofen nehmen und auf einem Kuchengitter auskühlen lassen.

6 Den Puderzucker mit etwas Wasser mischen. Das Brot damit bestreichen. Die Orangenschale über den Guss streuen und diesen vor dem Servieren trocknen lassen.

Tipp

Dieses Brot ist einige Tage haltbar, wenn es eingewickelt, kühl und trocken gelagert wird.

Dattel-Honig-Brot

Das wunderbare Aroma verdankt dieses Brot seinen Zutaten: Datteln, Sesamsamen und Honig. Sie können die Brotscheiben toasten und mit Weichkäse servieren.

Ergibt 1 Brot

325 g Mehl (Type 550)
1 Päckchen Trockenhefe
1/2 TL Salz
200 ml lauwarmes Wasser
3 EL Sonnenblumenöl
3 EL Honig
75 g Datteln, gehackt
2 EL Sesamsamen

1 Eine Kastenform (20 cm – 25 cm Seitenlänge) einfetten. Das Mehl in eine Schüssel sieben und mit Trockenhefe und Salz vermengen.

2 Wasser, Öl und Honig zugießen und alles zu einem festen Teig verarbeiten.

3 Den Teig auf einer mit Mehl bestäubten Arbeitsfläche glatt kneten.

4 Den Teig in einer eingefetteten Schüssel abgedeckt an einem warmen Ort 60 Minuten gehen lassen, bis sich sein Volumen verdoppelt hat.

5 Datteln und Sesam in den Teig kneten und diesen in die vorbereitete Form geben.

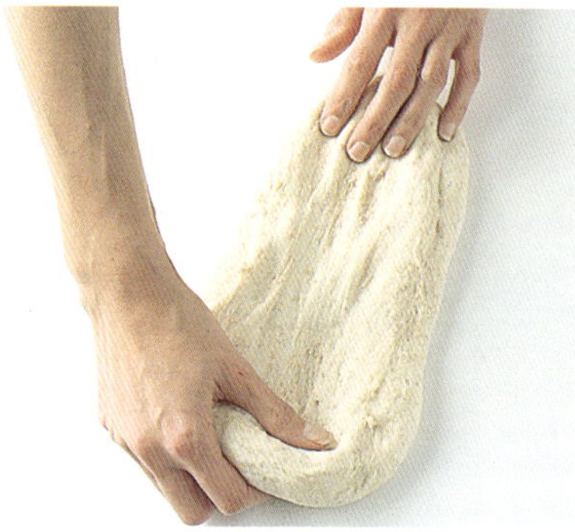

3

5

Variation

Die Sesamsamen können durch Sonnenblumenkerne ersetzt werden.

Tipp

Zum Aufgehen können Sie den Teig auch über warmes Wasser stellen.

5

6 Den Teig abdecken und an einem warmen Ort weitere 30 Minuten gehen lassen.

7 Den Teig in einem vorgeheizten Backofen bei 220 °C 30 Minuten backen, bis er hohl klingt, wenn man dagegen klopft.

8 Das fertige Brot auf einem Kuchengitter auskühlen lassen und in dicke Scheiben geschnitten servieren.

Bananen-Dattel-Brot

Dieses saftige und aromatische Brot können Sie nachmittags zum Tee oder Kaffee servieren.

Ergibt 1 Brot

225 g Mehl
2 1/4 TL Backpulver
100 g Butter, in kleinen Stücken
75 g feiner Zucker
125 g Datteln, entsteint und gehackt
2 Bananen, grob zerdrückt
2 Eier, leicht verquirlt
2 EL Honig

1 Eine Kastenform (20 cm – 25 cm Seitenlänge) einfetten und mit Backpapier auslegen.

2 Mehl und Backpulver in eine große Schüssel sieben.

3 Die Butter mit den Fingern in das Mehl einarbeiten, bis ein krümeliger Teig entsteht.

4 Zucker, Datteln, Bananen, Eier und Honig mit den trockenen Zutaten vermengen und alles zu einem glatten Teig verarbeiten, der leicht vom Löffel tropft.

4

4

5

Tipp

Das Brot ist einige Tage haltbar, wenn es gut eingewickelt, kühl und trocken gelagert wird.

5 Den Teig in die vorbereitete Kastenform geben und mit einem Messer glatt streichen.

6 In einem vorgeheizten Backofen bei 160 °C 60 Minuten backen, bis er goldbraun ist und ein in die Mitte gestochener Metallspieß sauber bleibt.

7 Das fertige Brot in der Form auskühlen lassen. Dann auf ein Kuchengitter legen.

8 Warm oder kalt in dicke Scheiben geschnitten servieren.

Thymianhörnchen

Die pikanten Thymianhörnchen ähneln Croissants. Sie sind ideal für einen kleinen Snack oder eine Zwischenmahlzeit. Sie können aus dem Teig auch Zöpfe formen.

Ergibt 8 Stück

250 g Blätterteig (Fertigprodukt), frisch oder Tiefkühlware, aufgetaut
100 g weiche Butter
1 Knoblauchzehe, zerdrückt
1 TL Zitronensaft
1 TL Thymian
Salz und Pfeffer

1 Ein Backblech leicht einfetten.

2 Den Teig auf einer leicht mit Mehl bestäubten Arbeitsfläche zu einem Teigkreis (etwa 25 cm Ø) ausrollen und in 8 Dreiecke schneiden.

3 Butter, Knoblauch, Zitronensaft und Thymian in einer kleinen Schüssel mischen und mit Salz und Pfeffer würzen.

4 Die Dreiecke gleichmäßig mit der Butter-Thymian-Mischung bestreichen.

5 Jedes Dreieck von seinem breiten Ende aus vorsichtig aufrollen.

2

2

5

Tipp

Für diese Hörnchen können Sie statt Thymian auch andere Kräuter, wie beispielsweise Rosmarin oder Salbei, verwenden.

6 Die so entstandenen Hörnchen für 30 Minuten in den Kühlschrank stellen.

7 Das Backblech mit kaltem Wasser besprühen, damit beim Backen Feuchtigkeit entsteht und der Teig gut aufgehen kann.

8 Die Hörnchen auf das Blech legen und in einem vorgeheizten Backofen bei 200 °C 10–15 Minuten goldbraun backen.

Currykekse

Probieren Sie die Kekse mit unterschiedlichen Currypulvern aus, bis Sie den Curry mit dem besten Aroma und der richtigen Schärfe gefunden haben.

3

Ergibt etwa 40 Stück

100 g Mehl
1 TL Salz
2 TL Currypulver
100 g alter Gouda, gerieben
100 g Parmesan, gerieben
100 g weiche Butter

4

5

1 Etwa 4 Backbleche leicht einfetten.

2 Mehl und Salz in eine große Schüssel sieben.

3 Curry, Gouda und Parmesan unterrühren. Die Butter mit den Fingern in der Mehlmischung verreiben und alles zu einem weichen Teig verarbeiten.

4 Den Teig auf einer mit Mehl bestäubten Arbeitsfläche zu einem dünnen Rechteck ausrollen.

5 Mit einer Ausstechform (5 cm Ø) etwa 40 runde Kekse aus dem Teig ausstechen.

6 Die Kekse auf die vorbereiteten Backbleche legen.

7 In einem vorgeheizten Backofen bei 180 °C 10–15 Minuten backen.

8 Die fertigen Kekse auf den Blechen kurz abkühlen lassen. Dann auf ein Kuchengitter legen und vollständig auskühlen lassen, bis sie knusprig geworden sind.

Tipp

In einem luftdichten Behälter sind die Kekse mehrere Tage haltbar.

Sellerie-Zwiebel-Pasteten

Die Sellerie-Zwiebel-Pasteten sind unwiderstehlich. Vielleicht sollten Sie gleich die doppelte Menge backen?

2

6

6

Ergibt 12 Stück

125 g Mehl
1/2 TL Salz
25 g Butter, in kleinen Stücken
25 g Emmentaler, gerieben
3–4 EL Wasser

FÜLLUNG
50 g Butter
125 g Stangensellerie, fein gehackt
2 Knoblauchzehen, zerdrückt
1 kleine Zwiebel, fein gehackt
1 EL Mehl
50 ml Milch
Salz
1 Prise Cayennepfeffer

1 Für die Füllung die Butter zerlassen. Sellerie, Knoblauch und Zwiebel 5 Minuten darin weich dünsten.

2 Die Mischung vom Herd nehmen. Erst das Mehl, dann die Milch einrühren und alles unter gelegentlichem Rühren bei geringer Hitze erneut erwärmen, bis die Mischung eindickt. Mit Salz und Cayennepfeffer würzen und auskühlen lassen.

3 Für den Teig Mehl und Salz in eine Schüssel sieben. Die Butter mit den Fingern darin verreiben. Käse und Wasser zugeben und alles zu einem glatten Teig verarbeiten.

4 Drei Viertel des Teigs ausrollen. 12 Teigkreise (6 cm Ø) daraus ausstechen und in ein Pastetenblech legen.

5 Die Füllung gleichmäßig auf die Teigkreise verteilen. Den restlichen Teig ausrollen und 12 Teigkreise (5 cm Ø) daraus ausstechen. Diese über die gefüllten Teigkreise legen.

6 Die Teigränder gut zusammendrücken, die Oberfläche leicht einkerben und die Pasteten für 30 Minuten in den Kühlschrank stellen.

7 Anschließend in einem vorgeheizten Backofen bei 220 °C 15–20 Minuten backen, 10 Minuten in der Form abkühlen lassen und warm servieren.

Samosas

Diese Teigtaschen sind ideal für Veganer. Sie sind gefüllt mit verschiedenen Gemüsesorten und fein gewürzt. Sie können sie heiß oder kalt servieren.

Ergibt 4 Stück

225 g Weizen-Vollkornmehl
100 g Pflanzenmargarine, in kleinen Stücken
4 EL Wasser

Sojamilch, zum Glasieren

FÜLLUNG
2 EL Öl
225 g Wurzelgemüse, z. B. Kartoffeln, Karotten und Pastinaken, in Scheiben geschnitten
1 kleine Zwiebel, gehackt
2 Knoblauchzehen, fein gehackt
1/2 TL Currypulver
1/2 TL gemahlene Kurkuma
1/2 TL gemahlener Kreuzkümmel
1/2 TL körniger Senf
5 EL Gemüsebrühe

1

2

5

1 Das Mehl in eine große Schüssel geben. Die Margarine mit den Fingern darin verreiben, bis ein krümeliger Teig entsteht. Wasser zugeben und alles zu einem glatten Teig verarbeiten. Den Teig in Frischhaltefolie wickeln und für 30 Minuten in den Kühlschrank stellen.

2 Für die Füllung das Öl in einer Pfanne erhitzen. Wurzelgemüse, Zwiebel und Knoblauch zugeben. Alles 2 Minuten garen, dann die Gewürze und den Senf einrühren. Das Gemüse gründlich in den Gewürzen wenden und 1 weitere Minute garen.

3 Die Brühe zugießen und aufkochen lassen. Die Hitze reduzieren und alles 20 Minuten abgedeckt unter gelegentlichem Rühren köcheln lassen, bis das Gemüse zart ist und die Brühe aufgesogen hat. Abkühlen lassen.

4 Den Teig in 4 Stücke teilen. Zu Kreisen (15 cm Ø) ausrollen. Die Füllung jeweils auf eine Hälfte der Teigkreise geben. Die Teigränder mit Sojamilch bestreichen, die Kreise zusammenklappen und die Ränder festdrücken.

5 Die Taschen auf ein Backblech legen und in einem vorgeheizten Backofen bei 200 °C 25–30 Minuten goldbraun backen.

Tipp

Die Gemüsefüllung kann im Voraus zubereitet und im Kühlschrank aufbewahrt werden.

Kartoffeln in Blätterteig

Sie können diesen Pie anstelle von Kartoffeln zu einem Fleischgericht servieren. Oder richten Sie den Pie mit einem Salat als leichtes Mahl an.

Ergibt 8–12 Stück

- 750 g Kartoffeln, in dünne Scheiben geschnitten
- 1 rote Zwiebel, fein gehackt
- 2 Frühlingszwiebeln, fein gehackt
- 150 g Crème double
- Salz und Pfeffer
- 500 g Blätterteig (Fertigprodukt), frisch oder Tiefkühlware, aufgetaut
- 2 Eier, verquirlt

2

3

1 Ein Backblech leicht einfetten. Wasser in einen Topf geben, zum Kochen bringen, Kartoffelscheiben zugeben und einige Minuten gar köcheln lassen. Dann abtropfen und abkühlen lassen. Eventuell überschüssige Feuchtigkeit mit Küchenpapier abtupfen.

2 Rote Zwiebel, Frühlingszwiebeln und Kartoffelscheiben in einer Schüssel vermengen. 2 Esslöffel Crème double zugeben und alles mit Salz und Pfeffer würzen.

3 Den Teig halbieren. Eine Hälfte zu einem Kreis (etwa 23 cm Ø), die andere zu einem Kreis (etwa 25 cm Ø) ausrollen.

4 Den kleineren Teigkreis auf das vorbereitete Backblech geben und mit der Kartoffelmischung belegen. Dabei einen Rand von 2,5 cm lassen. Diesen mit einem Teil der Eimasse bestreichen.

4

5 Das größere Teigstück über die Füllung legen. Die Ränder gut zusammendrücken und einkräuseln. Ein Loch in die Teigdecke stechen, damit Dampf entweichen kann. Den so vorbereiteten Pie mit einem weiteren Teil der Eimasse bestreichen und in einem vorgeheizten Backofen bei 200 °C 30 Minuten backen.

6 Die restliche Eimasse mit der übrigen Crème double verquirlen und in das Loch in der Teigdecke gießen. Den Pie weitere 15 Minuten backen, dann 30 Minuten abkühlen lassen und servieren.

Tipp

Die Füllung kann 4 Stunden im Voraus zubereitet werden.

Paranusskuchen mit Champignons

Die Champignons verleihen dem Kuchen ein delikates Aroma.

Der Kuchen kann ungebacken oder gebacken eingefroren werden.

Ergibt 6–8 Stück

100 g Pflanzenmargarine,
in kleinen Stücken
225 g Weizen-Vollkornmehl
4 EL Wasser

Sojamilch, zum Glasieren

FÜLLUNG
25 g Pflanzenmargarine
1 Zwiebel, gehackt
1 Knoblauchzehe, fein gehackt
125 g Champignons,
in Scheiben geschnitten
1 EL Mehl
150 ml Gemüsebrühe
1 EL Tomatenmark
175 g Paranüsse, gehackt
75 g Vollkorn-Semmelbrösel
2 EL frisch gehackte Petersilie
1/2 TL Pfeffer

1 Die Margarine mit den Fingern im Mehl verreiben, bis ein krümeliger Teig entsteht. Wasser zugeben und alles zu einem glatten Teig verarbeiten. Den Teig in Frischhaltefolie wickeln und für 30 Minuten in den Kühlschrank stellen.

2

2

2 Für die Füllung die Margarine in einer Pfanne zerlassen, Zwiebel, Knoblauch und Champignons zufügen und 5 Minuten weich dünsten. Das Mehl zugeben und unter Rühren 1 Minute kochen. Langsam die Brühe einrühren, bis eine glatte, dickflüssige Sauce entsteht. Tomatenmark, Nüsse, Semmelbrösel, Petersilie und Pfeffer zugeben. Dann die Füllung etwas abkühlen lassen.

2

3 Zwei Drittel des Teigs ausrollen und in eine Springform (20 cm Ø) einpassen. Die Füllung darauf verteilen. Die Teigränder mit Sojamilch bestreichen. Den restlichen Teig ausrollen und auf die Füllung legen. Die Teigränder zusammendrücken, die Oberfläche leicht einritzen und mit Sojamilch bestreichen.

4 Den Kuchen in einem vorgeheizten Backofen bei 200 °C 30–40 Minuten goldbraun backen.

Käse-Zwiebel-Pasteten

Diese Pasteten sind gefüllt mit einer pikanten Mischung aus Zwiebeln, Knoblauch und Petersilie. Sie sind ein idealer Snack für das Büro, die Schule oder unterwegs.

1

1

Ergibt 4 Stück

3 EL Pflanzenöl
4 Zwiebeln, in feine Ringe geschnitten
4 Knoblauchzehen, zerdrückt
4 EL fein gehackte Petersilie
75 g alter Gouda, gerieben
Salz und Pfeffer

TEIG
175 g Mehl
1/2 TL Salz
100 g Butter, in kleinen Stücken
3–4 EL Wasser

5

1 Das Öl in einer Pfanne erhitzen. Zwiebeln und Knoblauch 10–15 Minuten darin weich dünsten. Die Pfanne vom Herd nehmen, Petersilie und Käse zugeben und alles mit Salz und Pfeffer würzen.

2 Für den Teig Mehl und Salz in eine große Schüssel sieben. Die Butter mit den Fingern in der Mehlmischung verreiben, bis ein krümeliger Teig entsteht. Wasser zugeben und gut unterrühren.

3 Den fertigen Teig auf einer leicht mit Mehl bestäubten Arbeitsfläche ausrollen und in 8 Stücke teilen.

4 Die Teigstücke zu kleinen Kreisen (etwa 10 cm Ø) ausrollen. 4 der Teigkreise in 4 Torteletteförmchen einpassen.

5 Jeweils ein Viertel der Zwiebelmasse in die Förmchen füllen. Diese mit den restlichen 4 Teigkreisen abdecken, die Oberfläche einmal einritzen und die Teigränder zusammendrücken.

6 Die fertigen Pasteten in einem vorgeheizten Backofen bei 220 °C 20 Minuten backen und heiß oder kalt servieren.

Tipp

Die Füllung im Voraus zubereiten und im Kühlschrank aufbewahren.

Schinken-Käse-Taschen

Diese Schinken-Käse-Taschen können Sie kalt oder warm servieren.
Sie können sie mit Salat anrichten.

Ergibt 6 Stück

250 g Blätterteig (Fertigprodukt), frisch oder Tiefkühlware aufgetaut
50 g Schinkenspeck, gewürfelt
125 g Frischkäse
2 EL frisch gehackter Schnittlauch
Pfeffer
1 Ei, verquirlt
2 EL geriebener Parmesan

1 Den Teig auf einer leicht mit Mehl bestäubten Fläche ausrollen und zu 12 Rechtecken (15 cm x 5 cm) schneiden.

2 Die Teigstreifen auf ein eingefettetes Backblech legen und 30 Minuten kalt stellen.

Tipp

Die Taschen können im Voraus zubereitet und vor dem Backen eingefroren werden.

3

3 Schinken, Käse und Schnittlauch in einer kleinen Schüssel mischen und mit Pfeffer würzen.

4 6 Teigstreifen mit der Schinken-Käse-Mischung bestreichen. Dabei rundum einen Rand von 1 cm lassen und diesen mit dem Ei bestreichen.

5 Für das Gittermuster die restlichen Teigstreifen der Länge nach zusammenklappen und an der Faltkante mehrfach einschneiden. Einen Rand von 1 cm stehen lassen.

6 Die eingeschnittenen Teigstreifen aufklappen und über die belegten Streifen legen. Die Teigränder zusammendrücken und die Taschen mit Käse bestreuen.

7 Die so vorbereiteten Taschen in einem vorgeheizten Backofen bei 180 °C 15–20 Minuten backen und heiß oder kalt servieren.

4

5

Tomatenschiffchen

Servieren Sie diese Tomatenschiffchen warm, so schmeckt der lockere, knusprige Blätterteig am besten.

Ergibt 6 Stück

250 g Blätterteig (Fertigprodukt), frisch oder Tiefkühlware aufgetaut
1 Ei, verquirlt
2 EL Pesto
6 Eiertomaten, in Scheiben geschnitten
Salz und Pfeffer

frische Thymianblätter, zum Garnieren (nach Belieben)

3

4

1 Den Teig auf einer leicht mit Mehl bestäubten Arbeitsfläche zu einem Rechteck (30 cm x 25 cm) ausrollen.

2 Das Rechteck halbieren und die Hälften in je 3 Stücke schneiden, sodass 6 gleich große Rechtecke entstehen.

3 Die Teigstücke rundum einkerben und die Ränder mit dem verquirlten Ei bestreichen.

4 Den Pesto gleichmäßig auf die Teigstücke verteilen. Dabei einen Rand von 2,5 cm lassen.

5 Die Tomatenscheiben mittig auf die Teigstücke legen.

6 Die Tomaten mit Salz und Pfeffer würzen und nach Belieben mit frischen Thymianblättern bestreuen.

7 Das so vorbereitete Gebäck in einem vorgeheizten Backofen bei 200 °C 15–20 Minuten backen, bis es gut aufgegangen und goldbraun geworden ist.

8 Die fertigen Tomatenschiffchen auf vorgewärmte Teller legen und sofort servieren.

5

Variation

Statt den Teig in kleine Rechtecke zu schneiden, können Sie ihn auch zu einem großen Rechteck ausrollen und wie beschrieben belegen.

Pissaladière

Früher wurde diese Spezialität aus Nizza mit „Pissala“, einem Fischpüree, statt mit Anchovis belegt. Daher auch der Name Pissaladière.

Ergibt 18–20 Stück

- 4 EL Olivenöl
- 700 g rote Zwiebeln, in dünne Scheiben geschnitten
- 2 Knoblauchzehen
- 2 TL feiner Zucker
- 2 EL Rotweinessig
- 350 g Blätterteig (Fertigprodukt), frisch oder Tiefkühlware aufgetaut
- Salz und Pfeffer
- 100 g Anchovis
- 12 grüne Oliven, entsteint
- 1 TL Majoran

1 Ein kleines Backblech (33 cm x 23 cm) leicht einfetten. Olivenöl in einem großen Topf erhitzen. Zwiebeln und Knoblauch darin unter gelegentlichem Rühren bei geringer Hitze 30 Minuten weich dünsten.

2 Zucker und Rotweinessig zufügen und alles mit reichlich Salz und Pfeffer würzen.

3 Den Teig auf einer leicht mit Mehl bestäubten Arbeitsfläche ausrollen und in die vorbereitete Form einpassen.

4 Die Zwiebelmasse auf dem Teig verteilen.

2

3

5

5 Anchovis und Oliven darüber legen und alles mit Majoran bestreuen.

6 Die so vorbereitete Pissaladière in einem vorgeheizten Backofen bei 220 °C 20–25 Minuten backen, bis sie leicht gebräunt ist. Aus dem Ofen nehmen und sofort servieren.

Variation

Für einen Partysnack die Pissaladière in kleine handliche Stücke schneiden.

Tarte provençale

Diese farbenfrohe Tarte erhält ihren besonderen Geschmack durch die Zucchini und die grünen Paprika.

Ergibt 6–8 Stück

- 200 g Blätterteig (Fertigprodukt), frisch oder Tiefkühlware aufgetaut
- 3 EL Olivenöl
- 2 rote Paprika, gewürfelt
- 2 grüne Paprika, gewürfelt
- 150 g Crème double
- 1 Ei
- Salz und Pfeffer
- 2 Zucchini, in Scheiben geschnitten

1

2

6

1 Den Teig auf einer leicht mit Mehl bestäubten Arbeitsfläche ausrollen und in eine Tarte-Form (20 cm Ø) einpassen. Anschließend für 20 Minuten in den Kühlschrank stellen.

2 Währenddessen 2 Esslöffel Olivenöl in einer Pfanne erhitzen und die Paprikawürfel darin 8 Minuten unter häufigem Rühren weich dünsten.

3 Crème double und Ei in einer Schüssel verquirlen. Dann mit Salz und Pfeffer würzen und die Paprikawürfel zugeben.

4 Das restliche Öl in der Pfanne erhitzen und die Zucchinischeiben darin 5 Minuten anbraten, bis sie leicht gebräunt sind.

5 Die Paprikamischung in die vorbereitete Tarte-Form füllen.

6 Die Zucchinischeiben darauf anrichten.

7 Die so vorbereitete Tarte in einem vorgeheizten Backofen bei 180 °C 35–40 Minuten backen, bis der Teig fest und goldbraun geworden ist.

Tipp

Für 6 Minitörtchen 6 Backförmchen (10 cm Ø) mit Teig auslegen, füllen und 20 Minuten backen.

Linsen-Paprika-Quiche

Für diese pikante Quiche wird ein Kuchenteig aus Vollkornmehl mit roten Linsen und Paprika belegt.

Ergibt 8–12 Stück

225 g Weizen-Vollkornmehl
100 g Pflanzenmargarine, in kleinen Stücken
4 EL Wasser

FÜLLUNG
175 g rote Linsen, gewaschen
300 ml Gemüsebrühe
15 g Pflanzenmargarine
1 Zwiebel, gehackt
2 rote Paprika, gewürfelt
1 TL Hefe-Extrakt
1 EL Tomatenmark
3 EL frisch gehackte Petersilie
Pfeffer

1 Für den Teig das Mehl in eine Schüssel geben. Die Margarine mit den Fingern darin verreiben, bis ein krümeliger Teig entsteht. Das Wasser zufügen und alles zu einem glatten Teig verarbeiten. Den Teig für 30 Minuten in den Kühlschrank stellen.

1

2

4

2 Für die Füllung Linsen und Brühe in einem Topf zum Kochen bringen. Dann die Hitze reduzieren und alles 10 Minuten köcheln lassen, bis die Flüssigkeit verdampft ist und die Linsen so weich sind, dass sie zerfallen.

3 Die Margarine in einem kleinen Topf zerlassen. Zwiebel und Paprika darin weich dünsten.

4 Linsenmasse, Hefe-Extrakt, Tomatenmark und Petersilie zugeben. Alles mit Pfeffer würzen und gut durchmischen.

5 Den Teig auf einer mit Mehl bestäubten Arbeitsfläche ausrollen und in eine Springform (24 cm Ø) einpassen. Den Teigboden mehrmals mit einer Gabel einstechen und die Linsenmischung darauf verteilen.

6 Die Quiche in einem vorgeheizten Backofen bei 200 °C 30 Minuten backen.

Variation

Für eine geschmackliche Variante können Sie in Schritt 4 der Füllung Maiskörner zugeben.

Spargel-Ziegenkäse-Quiche

Diese Quiche sollten Sie zur Spargelzeit backen, wenn der Spargel besonders aromatisch ist.

Ergibt 8–12 Stück

250 g herzhafter Mürbeteig; falls tiefgefroren, aufgetaut
250 g grüner Spargel
1 EL Pflanzenöl
1 rote Zwiebel, fein gehackt
25 g Haselnüsse, gehackt
200 g weicher Ziegenkäse
2 Eier, verquirlt
4 EL Schlagsahne
Salz und Pfeffer

2

4

1 Den Teig auf einer leicht mit Mehl bestäubten Arbeitsfläche ausrollen, in eine Springform (24 cm Ø) einpassen, mit einer Gabel einstechen und für 30 Minuten in den Kühlschrank stellen.

2 Den Teig mit Alufolie und Backbohnen abdecken und in einem vorgeheizten Backofen bei 190 °C 15 Minuten blindbacken.

3 Folie und Bohnen entfernen und den Teig weitere 15 Minuten backen.

4 Den Spargel in siedendem Wasser 2–3 Minuten kochen, abtropfen lassen und in mundgerechte Stücke schneiden.

5 Das Öl in einem kleinen Topf erhitzen. Die Zwiebel darin weich dünsten und mit dem Spargel und den Haselnüssen auf dem Teig verteilen.

6 Käse, Eier und Sahne verrühren, bis eine weiche Masse entstanden ist. Diese mit Salz und Pfeffer würzen und über die Spargelmischung gießen.

7 Die so vorbereitete Quiche 15–20 Minuten backen, bis die Käsemischung stockt. Anschließend warm oder kalt servieren.

6

Variation

Statt der Nüsse kann Parmesan verwendet werden, der vor dem Backen über die Quiche gestreut wird.

Zwiebelkuchen

Dieser ungewöhnliche Zwiebelkuchen mit Käse ist sehr knusprig und zerschmilzt regelrecht auf der Zunge.

2

3

Ergibt 8–12 Stück

250 g herzhafter Mürbeteig; falls tiefgefroren, aufgetaut
40 g Butter
75 g Schinkenspeck, gewürfelt
700 g Zwiebeln, in feine Ringe geschnitten
2 Eier, verquirlt
50 g frisch geriebener Parmesan
1 TL Salbei
Salz und Pfeffer

5

Variation

Vegetarier können den Speck durch die gleiche Menge gehackter Pilze ersetzen.

1 Den Teig auf einer leicht mit Mehl bestäubten Arbeitsfläche ausrollen und in eine Springform (24 cm Ø) einpassen.

2 Den Teig mit einer Gabel einstechen und für 30 Minuten in den Kühlschrank stellen.

3 Die Butter in einem Topf erhitzen. Speck und Zwiebeln darin bei geringer Hitze etwa 25 Minuten weich dünsten. Wenn die Zwiebelscheiben braun werden, 1 Esslöffel Wasser zugeben.

4 Die Eier mit der Zwiebelmischung verrühren. Käse und Salbei zugeben, alles mit Salz und Pfeffer würzen und gut vermengen.

5 Die so entstandene Mischung auf dem vorbereiteten Teig verteilen.

6 Den Kuchen in einem vorgeheizten Backofen bei 180 °C 20–30 Minuten backen, bis die Füllung stockt.

7 Anschließend einige Minuten in der Form abkühlen lassen und warm oder kalt servieren.

Tarte Tatin mit roten Zwiebeln

Mit einem fertigen Blätterteig können Sie diese Tarte sehr schnell und einfach zubereiten.

2

3

5

Ergibt 8–12 Stück

- 50 g Butter
- 25 g Zucker
- 500 g rote Zwiebeln, geviertelt
- 3 EL Rotweinessig
- 2 EL frische Thymianblätter
- 250 g Blätterteig (Fertigprodukt), frisch oder Tiefkühlware aufgetaut
- Salz und Pfeffer

Variation

Statt der roten Zwiebelviertel ganze Schalotten verwenden.

1 Butter und Zucker bei mittlerer Hitze in einer flachen Auflaufform (24 cm Ø) zerlassen.

2 Die Zwiebelstücke zugeben und bei geringer Hitze 10–15 Minuten weich dünsten. Dabei gelegentlich umrühren.

3 Essig und Thymian zufügen. Alles mit Salz und Pfeffer würzen und bei mittlerer Hitze so lange weiterköcheln lassen, bis die Flüssigkeit eingekocht ist und die Zwiebeln mit Buttersauce überzogen sind.

4 Den Teig auf einer leicht mit Mehl bestäubten Arbeitsfläche zu einem Kreis ausrollen, der etwas größer als die Auflaufform ist.

5 Den Teigkreis über die Zwiebelmischung legen, andrücken und die Ränder einschlagen.

6 Die so vorbereitete Tarte in einem vorgeheizten Backofen bei 180 °C 20–25 Minuten backen. Dann 10 Minuten ruhen lassen.

7 Einen großen Teller auf die Auflaufform legen und Teller sowie Auflaufform zum Stürzen der Tarte vorsichtig umdrehen. Die fertige Tarte noch warm servieren.

Käse-Zwiebel-Küchlein

Diese Küchlein sind ideal für Partys, da man sie mit der Hand essen kann.

Ergibt 12 Stück

100 g Mehl
¼ TL Salz
75 g Butter, in kleinen Stücken
1–2 EL Wasser

FÜLLUNG
1 Ei, verquirlt
100 g Schlagsahne
50 g alter Gouda, gerieben
3 Frühlingszwiebeln, fein gehackt
Salz
Cayennepfeffer

Variation

Die Küchlein zusätzlich mit je einer Tomatenscheibe belegen.

Tipp

Eilige können die Küchlein auch mit 175 g fertigem herzhaften Mürbeteig zubereiten.

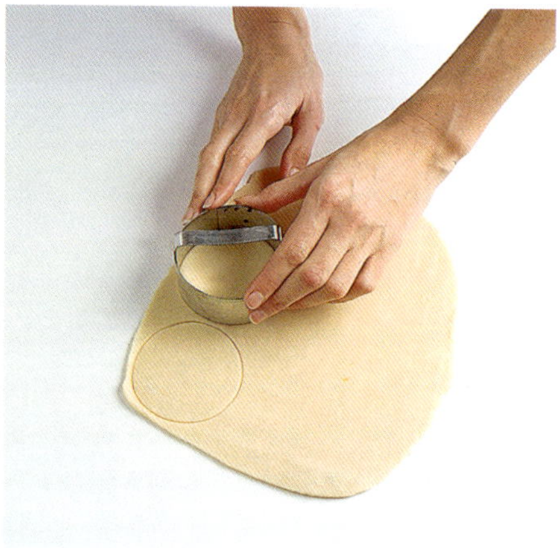
2

3

1 Mehl und Salz in eine große Schüssel sieben. Die Butter mit den Fingern in der Mehlmischung verreiben, bis ein krümeliger Teig entsteht. Wasser zugießen und alles zu einem glatten Teig verarbeiten.

2 Den Teig auf einer leicht mit Mehl bestäubten Arbeitsfläche ausrollen. 12 Kreise (etwa 7 cm Ø) daraus ausstechen und auf ein Pastetenblech legen.

3 Für die Füllung Ei, Sahne, Käse und Frühlingszwiebeln verquirlen und mit Salz und Cayennepfeffer würzen.

4 Die so entstandene Mischung auf die Teigkreise verteilen und diese in einem vorgeheizten Backofen bei 180 °C 20–25 Minuten backen, bis die Füllung stockt. Die fertigen Küchlein warm oder kalt servieren.

4

Selbst gemachte Süßigkeiten, gleich ob Gebäck, Konfekt oder Pralinen, sind unschlagbar im Geschmack. Die Auswahl in diesem Kapitel bietet jedem etwas: auf der Zunge zergehende Rumtrüffeln, knusprige Mini-Florentiner, delikates Schokoladenkonfekt und köstliche Schokoladengetränke. Ein leicht herzustellender Karamell darf natürlich nicht fehlen. Alles kein Problem! Und was trinkt man dazu? Exquisite kalte und heiße Schokoladengetränke sind die Antwort auf diese Frage. Das ist Genuss pur!

Konfekt & Getränke

Rumtrüffeln

Solche köstlichen Trüffeln sind allzeit beliebt. Sie sind gern gesehene Geschenke, passen hervorragend zu Kaffee und können nach dem Essen gereicht werden.

Ergibt etwa 20 Stück

125 g Zartbitterschokolade
15 g Butter
2 EL Rum
50 g Kokosraspel
100 g Kuchenkrümel
75 g Puderzucker
2 EL Kakaopulver

Variation

Sie können für die Trüffeln auch weiße Schokolade nehmen und den Rum durch Kokoslikör oder Kokosmilch ersetzen.

Tipp

An einem kühlen Ort bleiben diese Trüffeln bis zu 2 Wochen frisch.

2

3

4

1 Die Schokolade in Stücke brechen und mit der Butter in eine Schüssel geben. Im Wasserbad vorsichtig schmelzen, dabei rühren, bis alles gut vermischt ist.

2 Vom Herd nehmen und den Rum zugießen. Kokosraspel, Krümel und 50 g Puderzucker zugeben. Alles gut vermischen. Ist die Mischung zu fest, noch ein wenig Rum zugeben.

3 Aus der Masse kleine Bällchen formen und auf einen Bogen Backpapier setzen. Im Kühlschrank fest werden lassen.

4 Den restlichen Puderzucker auf ein großes Küchenbrett sieben, das Kakaopulver auf ein anderes. Die Hälfte der Trüffeln im Puderzucker wenden, bis sie vollständig bedeckt sind, die andere Hälfte im Kakaopulver.

5 Die Trüffeln in Papierkapseln setzen und bis zum Verzehr kalt stellen.

Schoko-Likör-Pralinen

Dieses unwiderstehliche Konfekt ist mit leckerer Likörsahne gefüllt. Die Zubereitung ist etwas aufwändig – aber bereitet auch viel Spaß.

Ergibt 20 Stück

100 g Zartbitterschokolade
5 Belegkirschen, halbiert
10 Macadamia- oder Haselnüsse
150 g Crème double
25 g Puderzucker
4 EL Likör

GARNIERUNG
50 g Zartbitterschokolade, geschmolzen
weiße Schokolade, geschmolzen
Schokoladenspäne (siehe Seite 50)
Nüsse oder Belegkirschen (nach Belieben)

Tipp

Pralinenkapseln aus Papier gibt es in verschiedenen Größen zu kaufen. Verwenden Sie für dieses Rezept die kleinsten, die Sie finden können.

5

5

5

1 Ein Backblech mit Backpapier auslegen. Die Schokolade schmelzen und 20 Pralinenkapseln aus Papier mit je 1 Teelöffel Schokolade füllen. Die Schokolade mit einem kleinen Pinsel oder Holzlöffel verstreichen, um die Seiten zu bedecken. Kopfüber auf das Backblech stellen und fest werden lassen.

2 Die Papierkapseln vorsichtig abziehen. Je eine halbe Belegkirsche oder 1 Nuss in die Schokoladenform legen.

3 Für die Likörfüllung die Crème double mit dem Puderzucker steif schlagen und den Likör einrühren.

4 Die Crème double in einen Spritzbeutel (10 mm Tülle) einfüllen und in die Konfekthüllen spritzen. Für 20 Minuten in den Kühlschrank stellen.

5 Zur Garnierung die flüssige Schokolade über die Sahne löffeln, bis diese ganz bedeckt ist. Nach Belieben mit Spänen aus weißer Schokolade, Nüssen oder Belegkirschen garnieren oder geschmolzene weiße Schokolade darüber träufeln und mit einem Holzspieß marmorieren. Vor dem Servieren fest werden lassen.

Collettes

Der Orangengeschmack der cremigen Schokoladenfüllung in den weißen Schokoladenkapseln ist die Verführung pur.

Ergibt 20 Stück

100 g weiße Schokolade

FÜLLUNG
150 g Zartbitterschokolade mit Orange
150 g Crème double
25 g Puderzucker

2

3

1 Ein Backblech mit Backpapier auslegen. Die Schokolade schmelzen und in 20 Papierkapseln füllen, dabei auch die Seiten einpinseln. Die Kapseln kopfüber auf das Backblech stellen und vollständig hart werden lassen.

2 Die Papierkapseln vorsichtig abziehen.

3 Für die Füllung die Zartbitterschokolade schmelzen. Schokolade, Crème double und Puderzucker in eine Schüssel geben und zu einer glatten Masse mixen. Abkühlen lassen, bis die Mischung fest genug zum Spritzen ist, dabei gelegentlich umrühren.

4 Die Mischung in einen Spritzbeutel mit Sterntülle füllen und die Schokoladenkapseln füllen. Bis zum Verzehr kalt stellen.

4

Tipp

Wenn die Papierkapseln zu weich sind, stellen Sie zwei ineinander, bevor Sie sie mit der weißen Schokolade bestreichen. Sie können auch Metallkapseln verwenden.

Tipp

Nehmen Sie die kleinsten Papierkapseln, die Sie finden können.

Variation

Sie können der Füllung auch 1 Esslöffel Orangenlikör zugeben.

Italienische Schokotrüffeln

Diese köstlichen Mandel-Schokoladen-Kreationen sind einfach herzustellen und können nach einer Mahlzeit zum Kaffee gereicht werden.

Ergibt 24 Stück

- 175 g Zartbitterschokolade
- 2 EL Mandel- oder Orangenlikör
- 2 EL Butter
- 50 g Puderzucker
- 50 g gemahlene Mandeln
- 50 g Vollmilchschokolade, geraspelt

1 Zartbitterschokolade und Likör über einem heißen Wasserbad erhitzen, dabei ständig rühren, damit sich die Zutaten verbinden.

2 Die Butter zufügen und unter Rühren zerlassen. Dann Puderzucker und Mandeln unterrühren.

3 Die Schokoladenmasse an einem kühlen Ort erkalten lassen, bis sie formbar geworden ist. Dann zu 24 Kugeln rollen.

4 Die Vollmilch-Schokoladenraspeln auf einen Teller geben und die Trüffeln darin wälzen.

5 Die fertigen Trüffeln in Pralinenpapierförmchen setzen und bis zum Verzehr in den Kühlschrank stellen.

2

2

4

Variation

Eine süßere Variante erhalten Sie mit Vollmilch- anstelle von Zartbitterschokolade. Wenden Sie die Trüffeln zum Anschluss in geschmolzener Schokolade.

Tipp

Diese Trüffeln lassen sich an einem kühlen Ort 2 Wochen aufbewahren.

Variation

Mandellikör verleiht diesen Trüffeln den authentisch italienischen Geschmack. Ursprünglich kommt der Mandellikör, Amaretto di Saronno, aus Saronno in Italien.

Schokoladenkirschen

Diese köstlichen Schokoladenkirschen sind einfach herzustellen. Als *Petits fours* können sie als leckere Gaumenfreude zu jeder Tageszeit gereicht werden.

Ergibt 24 Stück

12 Belegkirschen
2 EL Rum oder Weinbrand
250 g Marzipanrohmasse
125 g Zartbitterschokolade

etwas Vollmilch-, Zartbitter- oder weiße Schokolade, zum Garnieren (nach Belieben)

2

3

Variation

Sie können die Marzipanstücke auch flach drücken und die Kirschen ganz umhüllen. Dann in die Schokolade tauchen.

Variation

Ersetzen Sie die Kirschen durch ganze Mandeln und lassen Sie den Rum oder Weinbrand weg.

5

1 Ein Backblech mit Backpapier auslegen.

2 Die Kirschen halbieren und in eine kleine Schüssel legen. Rum oder Weinbrand zugießen und die Kirschen darin wenden. Mindestens 1 Stunde ziehen lassen, dabei gelegentlich umrühren.

3 Das Marzipan gleichmäßig in 24 Stücke teilen und jedes Stück zu einer Kugel formen. Jeweils eine Kirschhälfte auf eine Marzipankugel setzen und fest andrücken.

4 Die Schokolade in kleine Stücke brechen und im Wasserbad unter Rühren schmelzen.

5 Die Marzipankirsche in die Schokolade tauchen, die überschüssige Schokolade abtropfen lassen. Auf Backpapier setzen und im Kühlschrank fest werden lassen.

6 Nach Belieben die Pralinen mit geschmolzener Schokolade garnieren. Vor dem Servieren fest werden lassen.

Trüffeln aus weißer Schokolade

Diese delikaten weißen Trüffeln beweisen eindeutig: Hausgemachte Süßigkeiten sind von ausgesuchter Raffinesse. Kaufen Sie hierfür die beste Schokolade, die Sie bekommen können.

4

5

6

Ergibt etwa 20 Stück

25 g Butter
75 g Crème double
225 g hochwertige weiße Schokolade
1 EL Orangenlikör (nach Belieben)

GARNIERUNG
100 g weiße Schokolade
Zartbitterschokolade (nach Belieben)

Tipp

Die Trüffelmasse muss zum Rollen fest, aber nicht hart sein. Ist sie zu hart, vor der Weiterverarbeitung einige Minuten bei Zimmertemperatur stehen lassen. Während des Rollens wird die Masse wieder weich, daher vor dem Überziehen noch einmal kalt stellen.

1 Eine sehr flache Backform mit Backpapier auslegen.

2 Butter und Crème double in einem kleinen Topf unter ständigem Rühren vorsichtig aufkochen. 1 Minute kochen und vom Herd nehmen.

3 Die Schokolade in Stücke brechen und zugeben. Unter Rühren schmelzen. Gegebenenfalls den Likör unterrühren.

Tipp

Die Trüffeln halten sich im Kühlschrank bis zu 2 Wochen frisch.

4 In die Backform füllen und für 2 Stunden in den Kühlschrank stellen.

5 Kleine Stücke von der Masse abstechen und zu Kugeln formen. Weitere 30 Minuten kalt stellen.

6 Für den Überzug die weiße Schokolade schmelzen. Die Kugeln eintauchen und überschüssige Schokolade abtropfen lassen. Auf Backpapier setzen und mit den Zinken einer Gabel Muster einziehen. Hart werden lassen.

7 Nach Belieben etwas geschmolzene Zartbitterschokolade über die Trüffeln sprenkeln und fest werden lassen.

Mini-Schokoladen-Tütchen

Mit Minzgeschmack aromatisierte und in Schokoladen-Tütchen gefüllte Creme ist eine besondere Süßigkeit, die Sie zum Espresso als Abschluss eines Menüs reichen können.

Ergibt 10 Stück

75 g Zartbitterschokolade
100 g Crème double
15 g Puderzucker
1 EL Crème de Menthe

Schokoladen-Kaffeebohnen, zum Garnieren (nach Belieben)

1

2

Tipp

Die Tütchen können vorbereitet werden und halten sich im Kühlschrank bis zu 1 Woche, sie sollten erst 2 Stunden vor dem Servieren gefüllt werden.

Variation

Sie können die Creme auch mit einem anderen Likör aromatisieren, z. B. Kaffeelikör. Wollen Sie auf Alkohol verzichten, können Sie auch Pfefferminzaroma verwenden.

1 10 Kreise (etwa 8 cm Ø) aus Backpapier ausschneiden. Aus jedem Kreis ein Tütchen formen und mit Klebestreifen befestigen.

2 Die Schokolade schmelzen. Mit einem kleinen Pinsel jedes Tütchen von innen mit Schokolade einpinseln.

3 Eine zweite Schicht Schokolade aufpinseln und im Kühlschrank fest werden lassen. Vorsichtig das Papier abziehen.

4 Crème double, Puderzucker und Crème de Menthe in eine Schüssel geben und steif schlagen. Die Sahne in einen Spritzbeutel mit Sterntülle füllen und in die Schokoladentütchen spritzen.

3

5 Die Tütchen nach Belieben mit Schokoladen-Kaffeebohnen garnieren und bis zum Verzehr kalt stellen.

Nussige Schokoladenstückchen

Knackige Nüsse mit knusprigen Keksen im Schokoladengewand machen diese Leckerei zu einer unwiderstehlichen Verführung!

Ergibt etwa 30 Stück

175 g weiße Schokolade
100 g Vollkornkekse
100 g Macadamia-Nüsse, gehackt
25 g frischer Ingwer, gehackt
(nach Belieben)
175 g Zartbitterschokolade

1 Ein Backblech mit Backpapier auslegen. Die weiße Schokolade in kleine Stücke brechen und im Wasserbad unter Rühren vorsichtig schmelzen.

2 Die Kekse in kleine Stücke brechen. Kekskrümel, Macadamia-Nüsse und, falls verwendet, Ingwer unter die geschmolzene Schokolade rühren.

3 Jeweils einen gehäuften Teelöffel der Schokoladenmischung auf das Backblech setzen.

2

5

4 Im Kühlschrank fest werden lassen, dann vom Backpapier lösen.

5 Die Zartbitterschokolade schmelzen und leicht abkühlen lassen. Die Schokoladen-Nuss-Stückchen in die Schokolade tauchen und überschüssige Schokolade abtropfen lassen. Die Stückchen wieder auf das Blech setzen und im Kühlschrank fest werden lassen.

3

Tipp

Macadamia-Nüsse sind sehr gehaltvoll und fettreich, daher eignen sie sich besonders gut für die Konditorei. Sie können aber auch andere Nüsse verwenden.

Tipp

An einem kühlen, trockenen Ort bleibt diese Leckerei bis zu 1 Woche frisch.

Schoko-Mascarpone-Konfekt

Es muss nicht immer Tiramisù sein – auch für dieses leckere Konfekt wurde cremiger italienischer Mascarpone verwendet.

Ergibt 20 Stück

100 g Zartbitterschokolade
Kakaopulver, zum Bestäuben

FÜLLUNG
100 g Vollmilch- oder Zartbitter-schokolade
200 g Mascarpone
3 Tropfen Vanillearoma

1

3

4

Variation

Mascarpone ist ein reichhaltiger italienischer Frischkäse, der aus Sahne hergestellt wird. Daher sein hoher Fettgehalt und erfrischend süßer Geschmack.

1 Ein Backblech mit Backpapier auslegen. Die Schokolade schmelzen und 20 Pralinenkapseln aus Papier mit je 1 Teelöffel Schokolade füllen. Die Schokolade mit einem kleinen Pinsel oder Holzlöffel sorgfältig verstreichen, um die Seiten zu bedecken. Kopfüber auf das Backblech stellen und fest werden lassen.

2 Wenn die Schokolade fest geworden ist, vorsichtig die Papierkapseln abziehen.

3 Für die Füllung die Schokolade schmelzen. Mascarpone und Vanillearoma in eine Schüssel geben. Die Schokolade zugießen und gründlich verrühren. Unter gelegentlichem Rühren abkühlen lassen, bis die Mischung dick genug ist, um sie in einen Spritzbeutel füllen zu können.

4 In einen Spritzbeutel (10 mm Sterntülle) geben und die Schokoladenkapseln damit füllen. Zum Servieren mit Kakaopulver bestäuben.

Tipp

Durch seinen hohen Fettgehalt ist Mascarpone ideal für dieses Rezept geeignet, außerdem verträgt sich sein feiner Geschmack sehr gut mit Schokolade. Alternativ können Sie jedoch auch Schlagsahne verwenden.

Marzipankonfekt

Dieses wunderbare Konfekt ist ideal zum Verschenken – doch nur, wenn Sie selbst ihm so lange widerstehen können.

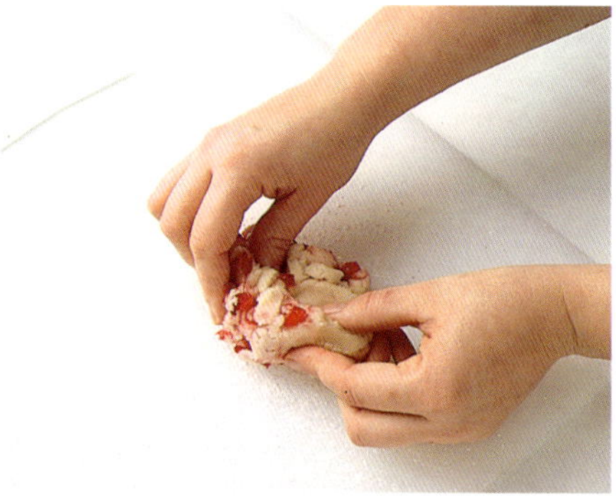

2

5

6

Ergibt etwa 30 Stück

450 g Marzipanrohmasse
25 g Belegkirschen, sehr fein gehackt
25 g kandierter Ingwer, sehr fein gehackt
50 g getrocknete Aprikosen, sehr fein gehackt
350 g Zartbitterschokolade
25 g weiße Schokolade

Puderzucker, zum Bestäuben

1 Ein Backblech mit Backpapier auslegen. Die Marzipanrohmasse dritteln und jeweils durchkneten, damit sie weich wird.

2 Auf einer mit Puderzucker bestäubten Arbeitsfläche je ein Drittel mit den Belegkirschen, dem Ingwer bzw. den Aprikosen verkneten.

3 Das Marzipan jeweils zu kleinen Kugeln formen, dabei die verschiedenen Geschmacksrichtungen getrennt halten.

4 Die Zartbitterschokolade schmelzen. Die Marzipankugeln auf einen Cocktailspieß oder Zahnstocher stecken und in die Schokolade tauchen. Die überschüssige Schokolade zurück in die Schüssel tropfen lassen.

5 Die frisch überzogenen Marzipankugeln in Dreiergruppen von je einer Geschmacksrichtung auf das Backblech setzen und in den Kühlschrank stellen.

6 Die weiße Schokolade schmelzen und das fest gewordene Konfekt damit beträufeln. Wieder in den Kühlschrank stellen.

7 Zum Servieren vorsichtig vom Backpapier abziehen und mit Puderzucker bestäuben.

Variation

Überziehen Sie das Konfekt einmal mit weißer oder Vollmilchschokolade, und verzieren Sie es mit Zartbitterschokolade.

Schoko-Knusper-Batzen

Dieses Konfekt ist besonders bei den Allerkleinsten beliebt. Sie können das Rezept auch mit anderen Nüssen und kandierten Früchten abwandeln.

Ergibt 18 Stück

125 g Vollmilchschokolade
50 g bunte Mini-Marshmallows
25 g Walnüsse, gehackt
25 g getrocknete Aprikosen, gehackt

2

3

4

1 Ein Backblech mit Backpapier auslegen.

2 Die Schokolade in kleine Stücke brechen und im Wasserbad schmelzen.

3 Marshmallows, Nüsse und Aprikosen gründlich in der Schokolade wenden.

4 Mit einem Löffel kleine Portionen abstechen und auf das Backblech setzen.

5 In den Kühlschrank stellen, bis das Konfekt fest geworden ist.

6 Das fertige Konfekt vorsichtig vom Backpapier abziehen.

7 Zum Servieren nach Belieben in Pralinenkapseln stecken.

Variation

Marshmallows gibt es weiß oder farbig. Wenn Sie keine Mini-Marshmallows finden, nehmen Sie die großen und schneiden diese mit einer Küchenschere in passend kleine Stücke.

Tipp

Diese Süßigkeiten lassen sich an einem kühlen Ort 2 Wochen aufbewahren.

Mini-Tortelettes

Kleine Torteletteformen, mit reichhaltiger Schokoladenfüllung bestückt, werden als *Petits fours* serviert. Verwenden Sie Mini-Muffinformen oder Mini-Torteletteformen für die Teigtortelettes.

2

3

Ergibt etwa 18 Stück

175 g Mehl
75 g Butter, in kleinen Stücken
15 g feiner Zucker
ca. 1 EL Wasser

FÜLLUNG
100 g Frischkäse
25 g feiner Zucker
1 kleines Ei, leicht verquirlt
50 g Zartbitterschokolade

GARNIERUNG
100 g Crème double
Schokoladenspäne (siehe Seite 50)
Kakaopulver, zum Bestäuben

4

1 Das Mehl in eine Schüssel sieben. Die Butter zugeben und mit den Fingern verreiben, bis ein krümeliger Teig entsteht. Den Zucker unterrühren. So viel Wasser zufügen, dass ein weicher Teig entsteht, dann abdecken und für 15 Minuten in den Kühlschrank stellen.

2 Den Teig auf einer leicht mit Mehl bestäubten Arbeitsfläche ausrollen. Auf 18 Mini-Torteletteformen aufteilen und diese mit dem Teig auskleiden. Den Boden mehrfach einstechen.

3 Frischkäse und Zucker verrühren. Das Ei untermischen. Die Schokolade schmelzen und alles vermischen. In die kleinen Förmchen füllen und im vorgeheizten Backofen bei 190 °C 15 Minuten backen, bis der Boden knusprig und die Füllung fest ist. Auf einem Kuchengitter vollständig auskühlen lassen.

4 Die Tortelettes kalt stellen. Die Crème double steif schlagen und in einen Spritzbeutel mit Sterntülle füllen. Kleine Rosetten auf die Tortelettes setzen. Mit einigen Schokoladenspänen garnieren und mit Kakaopulver bestäuben.

Tipp

Die Tortelettes können schon 3 Tage vorher gebacken werden, sollten aber erst am Tag des Verzehrs gefüllt und garniert werden.

Mini-Florentiner

Das köstliche Mandelgebäck schmeckt aus der eigenen Küche besonders delikat. Es kann als Dessert oder als köstliche *Petits fours* gereicht oder als Geschenk mitgebracht werden.

Ergibt etwa 40 Stück

- 75 g Butter
- 75 g feiner Zucker
- 25 g Rosinen
- 25 g kandierte Kirschen, gehackt
- 25 g kandierter Ingwer, gehackt
- 25 g Sonnenblumenkerne
- 100 g gehobelte Mandeln
- 2 EL Crème double
- 175 g Zartbitter- oder Vollmilchschokolade

1 Zwei Backbleche mit Backpapier auslegen. Die Butter in einem kleinen Topf bei schwacher Hitze zerlassen. Den Zucker zufügen und unter Rühren auflösen. Aufkochen. Vom Herd nehmen und Rosinen, Kirschen, Ingwer, Sonnenblumenkerne und Mandeln zugeben. Gut verrühren, dann die Crème double unterheben.

2 Je einen Teelöffel der Früchte-Nuss-Mischung auf die Backbleche setzen, dabei ausreichend Abstand halten. Im vorgeheizten Backofen bei 180 °C 10–12 Minuten backen, bis die Florentiner goldbraun sind.

2

3

3 Aus dem Ofen nehmen und, solange die Kekse noch heiß sind, mit einer runden Plätzchenform perfekte Kreise ausstechen. Abkühlen lassen, dann vom Backblech heben.

4 125 g Schokolade schmelzen und auf einem Bogen Backpapier ausbreiten. Wenn die Schokolade hart zu werden beginnt, die Plätzchen mit der flachen Seite nach unten auflegen und vollständig fest werden lassen.

4

5 Die Schokolade rund um die Florentiner einschneiden und vom Backpapier lösen. Die restliche Schokolade schmelzen und auf die bereits feste Schokolade streichen. Mit einer Gabel Muster einziehen und fest werden lassen. Die Kekse mit verschiedenen Seiten nach oben auf einem Teller anrichten. Im Kühlschrank aufbewahren.

Schokoladenwürfel mit Früchten und Nüssen

Schokolade, Nüsse und getrocknete Früchte – eine perfekte Kombination, wie auch bei diesen einfach herzustellenden Karamellwürfeln.

3

3

1 Eine quadratische Backform (20 cm x 20 cm) leicht einfetten.

2 Die Schokolade in Stücke brechen und mit Butter und Milch in eine Schüssel geben. Die Schüssel in ein Wasserbad stellen und rühren, bis Schokolade und Butter geschmolzen und alle Zutaten gut vermischt sind.

3 Die Schüssel aus dem Wasserbad nehmen und nach und nach den Puderzucker unterrühren. Haselnüsse und Rosinen zugeben. Die Masse in die Backform geben, fest andrücken und glatt streichen. Im Kühlschrank fest werden lassen.

4 Aus der Form nehmen und in kleine Würfel schneiden. In Papierkapseln setzen und bis zum Verzehr kalt stellen.

Ergibt etwa 25 Stück

250 g Zartbitterschokolade
25 g Butter
4 EL Kondensmilch
450 g Puderzucker, gesiebt
50 g Haselnüsse, grob gehackt
50 g Rosinen

3

Variation

Variieren Sie die Nüsse: Auch Mandeln, Walnüsse oder Pekannüsse schmecken hervorragend darin.

Tipp

Die Würfel bleiben in einem luftdichten Behälter bis zu 2 Wochen frisch.

Schneller Schoko-Karamell

Der einfachste Schoko-Karamell der Welt – richtig schokoladig wird er, wenn Sie Edelbitterschokolade mit hohem Kakaoanteil verarbeiten.

2

4

4

Ergibt etwa 25 Stück

500 g Zartbitterschokolade
75 g Butter
400 ml gesüßte Kondensmilch
3 Tropfen Vanillearoma

1 Eine quadratische Backform (20 cm x 20 cm) leicht einfetten und den Boden mit Backpapier auslegen.

2 Die Schokolade in kleine Stücke brechen und mit Butter und Kondensmilch verrühren.

3 Die Mischung unter Rühren erwärmen, bis alle Zutaten geschmolzen sind. Nicht kochen.

4 Vom Herd nehmen, das Vanillearoma zugeben und weiterrühren, bis eine dickflüssige Masse entstanden ist. In die Backform geben und glatt streichen.

5 In den Kühlschrank stellen, bis die Masse fest geworden ist.

6 Den Schoko-Karamell aus der Form stürzen und in mundgerechte Stücke schneiden (etwa 25).

Variation

Wer Erdnüsse mag, ersetzt 50 g der Butter durch grobe Erdnussbutter.

Tipp

Der Schoko-Karamell hält sich in einem luftdichten Behälter bis zu 1 Monat im Kühlschrank. Nicht einfrieren.

Tipp

Vorsicht – für dieses Rezept keine Milchschokolade verwenden, da der Schoko-Karamell sonst zu klebrig wird.

Heiße Schokoladendrinks

Reichhaltig und beruhigend – ein warmes Schokoladengetränk am Abend ist genau das, was den Stress von Ihnen abfallen lässt.

Für 2 Personen

GEWÜRZSCHOKOLADE
600 ml Milch
1 TL Lebkuchengewürz oder ersatzweise Piment
100 g Zartbitterschokolade
4 Zimtstangen
100 g Crème double, leicht geschlagen

SCHOKOLADENGROG
75 g Zartbitterschokolade
600 ml Milch
3 EL Rum
2 EL Crème double

frisch geriebene Muskatnuss, zum Bestäuben

2

3

1 Für die Gewürzschokolade die Milch in einen kleinen Topf gießen. Mit Lebkuchengewürz bestreuen.

2 Die Zartbitterschokolade in Stücke brechen und zugeben. Die Milch bei schwacher Hitze fast bis zum Siedepunkt erwärmen, dabei ständig rühren, damit die Milch nicht am Topfboden anbrennt.

3 Je 2 Zimtstangen in 2 Tassen stellen und mit der Schokoladenmilch übergießen. Etwas Crème double zugeben und sofort servieren.

4 Für den Schokoladengrog die Zartbitterschokolade mit der Milch in einen Topf geben. Bei schwacher Hitze fast bis zum Siedepunkt erwärmen, dabei ständig rühren.

5

5 Vom Herd nehmen und den Rum einrühren. In Tassen gießen.

6 Die Crème double über den Rücken eines Löffels über die Schokoladenmilch gießen, damit sie an der Oberfläche bleibt. Mit Muskatnuss bestreuen und sofort servieren.

Tipp

Durch eine Zimtstange als Rührlöffel erhält jedes Schokoladengetränk ein süßlich-pikantes Aroma, das jedoch den Schokoladengeschmack nicht überdeckt.

Kalte Schokoladendrinks

Diese köstlichen Schokoladendrinks für den Sommer sind genau das Richtige für Schokoladenfreunde!

Für 2 Personen

SCHOKOLADEN-MILCHSHAKE
450 ml eiskalte Milch
3 EL Trinkschokoladenpulver
3 Kugeln Schokoladeneis

Kakaopulver, zum Bestäuben (nach Belieben)

SCHOKOLADENEIS-SODA
5 EL Schokoladensauce
Mineralwasser
2 Kugeln Schokoladeneis
Crème double, geschlagen

Zartbitter- oder Vollmilchschokolade, gerieben, zum Bestreuen

1 Für den Schokoladen-Milchshake die Hälfte der Milch in einen Mixer gießen.

2 Trinkschokoladenpulver und 1 Kugel Eiscreme zugeben. Mixen, bis die Mischung schaumig ist. Die restliche Milch unterrühren.

3 Die restlichen 2 Eiskugeln auf 2 Gläser verteilen und vorsichtig mit der Schokoladenmilch übergießen.

3

6

Tipp

In einem großen Glas serviert, sind diese Drinks eine köstliche Erfrischung. Servieren Sie sie mit Strohhalmen.

5

4 Nach Belieben mit etwas Kakaopulver bestäuben und servieren.

5 Für das Schokoladeneis-Soda die Schokoladensauce auf 2 Gläser aufteilen. (Sie können fertige Schokoladensauce oder selbst gemachte verwenden (siehe Seite 283).

6 Etwas Mineralwasser in jedes Glas gießen und mit der Sauce verrühren.1 Kugel Eis in jedes Glas geben und mit noch etwas Mineralwasser übergießen.

7 Nach Belieben einen Löffel Crème double zugeben und mit geriebener Schokolade bestreuen.

Rezeptverzeichnis